Kurt Schmidt (Hrsg.) *Die Raketentruppen der NVA*

W0192460

Der Herausgeber
Kurt Schmidt, Jahrgang 1942, geboren in Ostpreußen, nach Mechanikerlehre Studium an der Ingenieurschule für Feinwerktechnik Glashütte. Eintritt in die NVA und Offizier des Raketen- und Waffentechnischen Dienstes auf verschiedenen Ebenen, zuletzt im Ministerium für Nationale Verteidigung. Besuch der Militärakademie in Leningrad. 1990 ausgeschieden aus den Streitkräften und bis zum Eintritt ins Rentenalter tätig in der Produktion und dem Vertrieb von Baumaschinen im In- und Ausland.

Das Buch
Die Raketentruppen der Landstreitkräfte der DDR existierten keine drei Jahrzehnte. Und sie verfügten gerade einmal über ein reichliches halbes Hundert taktischer und operativ-taktischer Raketen, weitaus weniger als die Hälfte dessen, was die Bundeswehr besaß. Diese waren mit konventionellen Sprengköpfen bestückt, denn die DDR war zu allen Zeiten frei von dem Wunsch, Nuklearwaffen besitzen zu wollen. Im vorliegenden Buch wird konzentriert und übersichtlich über Aufgaben, Ausbildung und Absichten einer Teilstreitkraft der NVA berichtet, die sich als Elite verstand.

Kurt Schmidt (Hrsg.)

Die Raketentruppen der NVA

Mit einem Geleitwort von
Armeegeneral a. D. Heinz Keßler

Mitautoren: Hans-Dieter Augusti, Klaus Goth,
Peter Hall, Hans-Jörg Kaiser und Jürgen Wienke

MILITÄRVERLAG

Wir danken Olaf Kersten, Administrator des NVA-Forums im Internet (http://www.nva-forum.de/), Dr. Klaus-Peter Kobbe, Museumsdirektor des Luftfahrtmuseums in Finowfurt, Siegfried Fechner, Andreas Hörichs, Wolfgang Jablonski, Steffen Kislewsky, Dietmar Küpping, Wolfgang Kullig, Franz Mousek, Peter Müller, Friedrich Peters, Michael Polster, Heinz Preibisch, Jürgen Schlemm, Hartmut Schlieben, Roland Seifert, Jochen Tröger und Erik Wendland sowie vielen Namenlosen, die uns Erlebnisberichte, Fotos, Tabellen und Informationen zur Verfügung stellten.

Der Herausgeber und die Autoren

ISBN 978-3-360-02717-7

© 2013 Militärverlag, Berlin

Umschlaggestaltung: Buchgut, Berlin, unter Verwendung eines Motivs von Wadim Sawizki
Fotos: Robert Allertz S. 8; Archiv edition ost S. 52, 63, 69, 90, 109, 120, 129, 172, 176, 214, 216, 218; Hans-Dieter Augusti S. 20, 57, 87, 91, 95, 104, 114, 116, 118, 119, 122, 123, 124, 127, 153, 169, 170; Volker Eckart S. 83; Helmut Helmke S. 78, 162; Hans-Jörg Kaiser S. 49; Fred Lehmann S. 161; Kurt Schmidt S. 27, 44, 62, 64, 81, 84, 88, 92, 101, 103, 107, 112, 131, 134, 136, 137, 139, 140, 141, 179; Willi Schoetzke S. 19, 22; Joachim Zihang S. 23, 24
Grafiken und Tabellen: Peter Hall S. 21, 24, 29, 33, 34, 36, 38, 40, 41, 42, 43, 45. 46, 47, 48, 53, 54, 59, 71, 98, 100, 130, 133, 145, 149, 154, 157, 183, 185, 192, 195, 198, 202, 204, 210, 212, 204, 210, 212
Druck und Bindung: Multiprint, Bulgarien

Ein Verlagsverzeichnis schicken wir Ihnen gern:
Das Neue Berlin Verlagsgesellschaft mbH
Neue Grünstraße 18, 10179 Berlin
Tel. 01805/30 99 99
(0,14 Euro/Min., Mobil max. 0,42 Euro/Min.)

Die Bücher des Militärverlages und des Verlags Das Neue Berlin erscheinen in der Eulenspiegel Verlagsgruppe

www.militaerverlag.de

Inhalt

*Am 12. September 1963, zwei Monate vor seiner Ermordung,
wurde der amerikanische Präsident John F. Kennedy im Nationalen
Sicherheitsrat über die Folgen eines möglichen Nuklearkriegs zwischen den Vereinigten Staaten und der Sowjetunion gebrieft.
Kennedys Berater spielten verschiedene Szenarien durch. Doch ganz
gleich, ob man die UdSSR in der Rolle des Angreifers sah oder einen
amerikanischen Erstschlag durchkalkulierte, alle Varianten kamen
zu dem Schluss, dass mit vielen Millionen Todesopfern zu rechnen
sei. »Was auch immer wir tun«, resümierte ein US-General:
»Wenn es zum Atomkrieg kommt, gibt es keine Möglichkeit,
einen inakzeptablen Schaden in den USA zu vermeiden.«
Dass die sowjetischen Strategen vergleichbare Überlegungen anstell-
ten, davon war man in den USA überzeugt. Seit den 60er Jahren
bildete sich daher eine Doktrin der nuklearen Abschreckung heraus,
die in ihrem Kern auf der Drohung einer »wechselseitigen gesicherten Vernichtung« (Mutual Assured Destruction, kurz: MAD)
beruhte. Man mochte die MAD-Doktrin für irrwitzig halten – in
der ursprünglichen Bedeutung des englischen Wortes mad –, tatsäch-
lich aber fußte das Kalkül der Abschreckung auf der Annahme,
dass die Verantwortlichen in Ost und West durch und durch
rational handelten. So trug die Fähigkeit beider Seiten,
einander vollständig zu vernichten, dazu bei,
das Ost-West-Verhältnis zu stabilisieren und einen »heißen Krieg«
zwischen den USA und der Sowjetunion zu vermeiden.*

Eckart Conze, in: *Die Zeit*, 14. September 2012

Gruß und Dank allen ehemaligen Angehörigen der Raketentruppen unserer Landstreitkräfte

Von Armeegeneral a. D. Heinz Keßler*

Im Mai 1962, ich war damals Chef der Luftstreitkräfte/Luftverteidigung und Stellvertreter von Minister Heinz Hoffmann, entstanden die ersten beiden Einheiten der Raketentruppen in der NVA. Es war für die Streitkräfte der DDR ein ereignisreiches Jahr. Im August des Vorjahres hatten wir im Auftrag der Warschauer Vertragsstaaten die Westgrenze der DDR und damit des Bündnisses gesichert. Das war eine notwendige und richtige Entscheidung, wie selbst US-Präsident John F. Kennedy einräumte: Die Mauer sei »keine sehr schöne Lösung, aber tausendmal besser als Krieg«. In jenem 62er Jahr führten wir die Wehrpflicht ein. Verteidigungsminister Heinz Hoffmann begründete vor der Volkskammer das Gesetz unter anderem mit der »aggressiven Politik des westdeutschen Unrechtsstaates«.

Bemerkenswert in diesem Zusammenhang scheint mir auch die Tatsache, dass die DDR bereits zwei Jahre später auf Anordnung des Nationalen Verteidigungsrates einen waffenlosen Wehrersatzdienst einführte. Junge Männer, die »aus religiösen Anschauungen oder aus ähnlichen Gründen den Wehrdienst mit der Waffe ablehnen«, leisteten die gesetzlich vorgeschriebenen 18 Monate Grundwehrdienst als Bausoldat ab. Die Entscheidung darüber wurde beim Wehrkreiskommando getroffen – ohne besondere Formalitäten oder gar Gewissensprüfungen. Es war ein Rechtsanspruch, der in der Folgezeit von deutlich weniger als einem Prozent der Wehrpflichtigen in der DDR genutzt wurde. Daran sollte auch einmal erinnert werden.

Heinz Keßler, 24. November 2012

Wie eben auch an jenes Schlussdokument des Kopenhagener Treffens im Sommer 1990, einer Nachfolgetagung der Konferenz für Sicherheit und Zusammenarbeit in Europa (KSZE) in Helsinki 1975. Daran nahm die DDR in ihrem letzten Jahr teil.

In jenem Kommuniqué vom 29. Juni 1990 war die Empfehlung an die 35 Signatarstaaten ausgesprochen worden, »die Einführung verschiedener Formen des Ersatzdienstes zu erwägen, die mit den für die Wehrdienstverweigerung geltend gemachten Gewissensgründen vereinbar sind«. Die Einführung eines solchen Ersatzdienstes entfiel für die DDR – denn es gab ihn bei uns bereits seit 26 Jahren.

Dass sich die sozialistische DDR diesbezüglich als Pionier gezeigt hatte, offenbart ein Blick in die Geschichte. Die UN-Menschenrechtskommission setzte 1970 erstmals dieses Thema auf die Tagesordnung (»Die Rolle der Jugend bei der Förderung und dem Schutz der Menschenrechte, einschließlich der Frage der Militärdienstverweigerung aus Gewissensgründen«). Und die Parlamentarische Versammlung des westeuropäischen Europarats verabschiedete 1977 die Empfehlung 816 zum Recht auf Militärdienstverweigerung aus Gewissensgründen.

Soviel zum »Unrechtsstaat DDR« und seiner gesellschaftlichen Praxis im Umgang mit Wehrpflichtigen und Andersdenkenden.

Als wir 1962 die Raketentruppen aufstellten, geschah dies nicht mit der Absicht, diese Waffen in einem militärischen Schlagabtausch einzusetzen. Der Auftrag der NVA war die *Verhinderung* eines Krieges, nicht dessen Führung. Anders formuliert: In jenem Augenblick, wenn die Truppen der NVA in einen Krieg hätten ziehen müssen, hätten sie bereits ihren Klassenauftrag verwirkt. Denn dieser lautete klar und deutlich: Sicherung des Friedens und Schutz der sozialistischen Errungenschaften. Die Nationale Volksarmee, an deren Spitze ich als Minister von 1985 bis 1990 stand, hat ihren Auftrag ehrenvoll erfüllt. Darauf kann jeder ehemalige Soldat der DDR berechtigt stolz sein. Keiner musste jemals in einen Krieg ziehen. Die DDR war von ihrem ersten bis zu ihrem letzten Tag ein Friedensstaat. Die Angehörigen der Raketentruppen sind davon nicht ausgenommen. Sie leisteten ihren speziellen Beitrag zur Sicherung des Friedens. Allein die physische Präsenz und die Beherrschung der Waffentechnik sorgten dafür, dass ein potenzieller Angreifer davon abgehalten wurde, die existenten Planungen auch zu realisieren. Die einmal von Leonid I. Breshnew getroffene Feststellung, in einem Krieg ginge jener, der als Erster schießen würde, als Zweiter unter, blieb Dank der Existenz der Sowjetarmee und ihrer Verbündeten – also auch der NVA – nur ein Gedankenspiel.

Das weisen die Autoren der vorliegenden Darstellung sehr sachlich und kompakt nach. Vor allem aber räumen sie mit der insbesondere nach 1990 absichtsvoll verbreiteten Lüge auf, die DDR sei eine heimliche Atomstreitmacht gewesen, ihre Raketentruppen hätten im Ernstfall auch Nuklearsprengköpfe verschossen. Natürlich auf das Territorium der Bonner Bundesrepublik. Damit sollte und soll die unsinnige Behauptung gestützt werden, die DDR sei ein aggressiver, durch und durch militarisierter Staat gewesen.

Die Waffenfarbe der Raketentruppen war ziegelrot, die Ausbildung hart, der Dienst schwer. Als im Mai 1962 in Spechtberg die Selbständige Artillerieabteilung 9 und die Selbständige Artilleriebrigade 2 in Stallberg aufgestellt wurden, war nicht absehbar, wie die Entwicklung verlaufen würde. Am Ende gab es Raketenbrigaden in Tautenhain (3. RBr »Otto Schwab«) und Demen (5. RBr »Bruno Leuschner«) sowie sechs Raketenabteilungen an den Standorten Groß Behnitz (RA-1 »Rudi Arndt«), Erfurt (RA-4 »Hugo Gräf«), Zeithain (RA-7 »Alfred Kurella«), Goldberg (RA-8 »Hermann Schuldt«), Sprechtberg (RA-9 »Otto Nuschke«) und Hermsdorf (RA-11 »Magnus Poser«). Nicht zu vergessen die fünf Raketenabteilungen der Ausbildungszentren Weißkeißel (RA-6 »Ernst Busch«), Schneeberg (RA-10 »Rudolf Hallmeyer«), Delitzsch (RA-17), Klietz (RA-19) und Karpin (RA-20).

Aber das sind Angaben, die vorrangig für Militärhistoriker von Interesse sind und natürlich für jene Jungs, die dabei waren. Die Nachgeborenen interessiert viel mehr, welchen Part die Raketentruppen bei der Sicherung des Friedens in Zentraleuropa in der zweiten Hälfte des 20. Jahrhunderts leisteten, und was das für Menschen waren, die manche Entbehrung auf sich nahmen, um später dafür im »vereinigten Deutschland« getadelt zu werden. Das alles kann man hier nachlesen. Die Autoren handelten als Zivilisten so ehrenvoll, wie sie es taten, als sie noch den Waffenrock der NVA der DDR trugen. Ich bin unverändert stolz darauf, einmal ihr Vorgesetzter gewesen zu sein.

---

* Heinz Keßler, Jahrgang 1920, trat drei Wochen nach dem Überfall Nazideutschlands auf die Sowjetunion als Wehrmachtsoldat zur Roten Armee über. 1943 unterzeichnete er den Gründungsaufruf des Nationalkomitees »Freies Deutschland«. Nach dem Krieg gehörte er zu den Mitbegründern der Freien Deutschen Jugend. 1950 trat er den Bewaffneten Organen bei. Von 1955 bis 1957 besuchte er die Generalstabsakademie der UdSSR in Moskau. Von 1957 bis 1985 war er Stellvertreter, von 1985 bis 1989 Verteidigungsminister der DDR. 1993 wurde er zu einer siebeneinhalbjährigen Haftstrafe verurteilt, von der er – inzwischen jenseits der 70 – sechs Jahre absitzen musste.

Der Aufbau der Raketentruppen in der DDR und der internationale Kontext dieser Entwicklung

Der Kalte Krieg, unmittelbar nach dem Ende des Zweiten Weltkrieges und dem Auseinanderbrechen der Antihitlerkoalition begonnen, führte bekanntlich zur Spaltung Deutschlands. Nach der Gründung eines westdeutschen Separatstaates durch die Westmächte – insbesondere die USA – zog die andere Großmacht in ihrer Zone notgedrungen nach. Auf dem Territorium des besiegten Nazireiches entstanden auf diese Weise zwei Staaten: die BRD und die DDR. Diese blieben bis 1990, bis zur Herstellung ihrer Souveränität durch den 2+4-Vertrag, Vasallen und Verbündete der jeweiligen Groß- und Führungsmacht.

Gewiss war die Leine, an der sie geführt wurden, mal länger, mal kürzer, aber Herr im eigenen Hause war weder die Bonner noch die Berliner Regierung. Jeder Bundeskanzler musste bei Amtsantritt eine Art Unterwerfungserklärung unterzeichnen (was Egon Bahr in seinen Erinnerungen an Willy Brandt offenbarte), und jeder Staats- und Parteichef in Berlin hatte mit Konsequenzen in Moskau zu rechnen, wenn er zu selbständig agierte. Ulbricht wurde darum 1971 abgelöst, Honecker wiederholt Maß genommen und ein geplanter Staatsbesuch in der BRD in der ersten Hälfte der 80er Jahre mehrfach von Moskau untersagt.

Der global und auf allen Feldern geführte Kalte Krieg – politisch, wirtschaftlich, militärisch, geheimdienstlich, propagandistisch etc. – wurzelte im klassischen Grundwiderspruch der kapitalistischen Ordnung: dem Widerspruch zwischen dem gesellschaftlichen Charakter der Produktion und der privatkapitalistischen Aneignung ihrer Resultate, um es einmal abstrakt und mit

Marx zu formulieren. Die einen besaßen die Produktionsmittel, die anderen lediglich ihre Arbeitskraft. Die einen produzierten, die anderen eigneten sich den Mehrwert an und verteilten an jene, die ihn schufen, lediglich die zur Regeneration ihrer Arbeitskraft nötigen Almosen. 1917 wurde erstmals dieses Prinzip durchbrochen. Die Produzenten wurden auch Eigentümer dieser Produktionsmittel. Mit Sowjetrussland entstand ein Staat, der sich auf den Weg machte, sozialistisch zu werden. Weil dieser Staat nunmehr aus dem globalen kapitalistischen Reproduktionsprozess ausschied – immerhin ein Sechstel der Erde und ausgestattet mit gewaltigen Rohstoffvorkommen, die bislang mehrheitlich von ausländischen Konzernen ausgebeutet worden waren –, stellte er objektiv einen Störfaktor dar, der beseitigt werden musste. Es gab Interventions- und Bürgerkriege und schließlich 1941 den vornehmlich ideologisch motivierten Eroberungs- und Vernichtungskrieg des imperialistischen Deutschlands.

Dieser permanente äußere Druck verzehrte nicht nur die nationalen Ressourcen der Sowjetunion, sondern veränderte auch mehr und mehr die politisch-ideologischen Grundlagen, auf denen das Land basierte. Sie wurden, kurz gesagt, deformiert.

Trotzdem blieb die Sowjetunion dem Charakter nach ein nichtkapitalischer Staat, gegen den sich die kapitalische Welt verschworen hatte.

Zum Kalten Krieg gehörte das Säbelrasseln in Deutschland. Die Sowjetunion forderte nach Beginn der Wiederaufrüstung in Westdeutschland wachsende Verteidigungsanstrengungen in Ostdeutschland. Es wurde die Kasernierte Volkspolizei gebildet, aus der 1955 – als Reaktion auf die Bildung der Bundeswehr – die Nationale Volksarmee hervorging. Und nachdem die BRD der 1949 gegründeten NATO – einem vordringlich gegen die Sowjetunion gerichteten Militärbündnis – beigetreten war, schloss die UdSSR mit den von ihr vom Faschismus befreiten und besetzten Staaten ein Militärbündnis, den Warschauer Vertrag.

Diese beiden Militärblöcke standen sich feindlich gegenüber, die Frontlinie des Kalten Krieges lief durch Deutschland. Damit hatten sich alle politischen Überlegungen deutscher Demokraten auf Herstellung der deutschen Einheit, auf Überwindung der Zweistaatlichkeit als Konföderation oder ähnliches definitiv erledigt. Die Bundesrepublik wurde als Speerspitze Richtung Osten entwickelt (nicht ohne eigenes Zutun: führende Militärs der Bundeswehr waren bereits in der Naziwehrmacht aktiv und hatten Erfahrungen im »Kampf gegen den Kommunismus« gesammelt; sie wollten diese wieder einsetzen). Die DDR wurde als Bollwerk zur Abwehr möglicher imperialistischer Aggressionen ausgebaut. Zudem standen mehr als eine halbe Million Sowjetsoldaten zwischen Rostock und Erfurt.

Zum militärischen Ausbau in der DDR gehörte zwangsläufig auch die Einführung neuer Waffen und Technik in die Streitkräfte, um mit entsprechenden Entwicklungen in den NATO-Armeen gleichzuziehen. Denn die vordringliche Aufgabe des östlichen Bündnissystems war – nach Brechung des Atomwaffenmonopols der USA Ende der 40er Jahre – die Herstellung eines annähernden militärstrategischen Gleichgewichts zwischen den Blöcken. Diese Parität sollte, um vorzugreifen, bis 1990 den Frieden in der Welt, insbesondere in Europa, sichern. Gewiss, der Frieden ruhte, wie man damals sagte, auf den Spitzen von Raketen und Bajonetten. Und natürlich wuchs seine Gefährdung aufgrund immer kürzerer Vorwarnzeiten und der Zunahme möglicher technischer Pannen. Aber es bleibt eine historische Tatsache: Es herrschte Frieden!

Ende der 50er Jahre also suchte das östliche Verteidigungsbündnis nach adäquaten Antworten auf Entwicklungen auf Seiten der NATO. Dort waren in den in der BRD stationierten Einheiten der USA, Frankreichs, Großbritanniens und Belgiens Raketenartilleriebataillone installiert worden. Und auch die Bundeswehr wurde mit Raketensystemen ausgestattet. Dafür gab es logische Erklärungen. Die Nazis hatten die Vorzüge der Raketentechnik (V1, V2) erkannt: Ohne verwundbare Bombenflugzeuge ließen sich damit große Sprengladungen in entfernte Ziele bringen. Die Militärs forcierten diese Entwicklung im Kalten Krieg.

Und Raketen wurden auch als Trägermittel für Kernwaffen begriffen. Der sogenannte Sputnik-Schock im Westen – die Sowjetunion hatte im Oktober 1957 mit einer Rakete den ersten künstlichen Erdsatelliten ins All geschossen – machte den NATO-Militärs bewusst, dass die vermeintliche Unverwundbarkeit der USA nunmehr Geschichte war. Jetzt konnte die Sowjetunion jeden Punkt auf der Erde aus dem Orbit treffen. Die Folge war die Beschleunigung der Raketenprogramme, die der Rüstungsindustrie gigantische Zuwächse sicherte. Und eben die Einführung von Raketenwaffen in die Streitkräfte.

Hinzu kam ein zweites Moment.

Raketen konnten und sollten nicht nur konventionelle Sprengköpfe ins Ziel befördern, sondern auch nukleare. Nachdem die Atombombendetonationen in Hiroshima am 6. August 1945 und drei Tage später in Nagasaki der Welt das Vernichtungspotential der Nuklearwaffe gezeigt hatten – darin bestand schließlich die eigentliche Absicht der USA, denn militärisch war das faschistische Japan schon längst besiegt –, drängten Politiker und Militärs auf Übernahme dieser Massenvernichtungsmittel in die NATO-Streitkräfte.

Selbst die Bundesrepublik verlangte ein reichliches Jahrzehnt nach der bedingungslosen Kapitulation des Deutschen Reiches, in dessen Rechtsnachfolge sie sich sah, Verfügungsgewalt über Atomwaffen. »Es ist nicht so«, erklärte beispielsweise Bundesverteidigungsminister Franz Josef Strauß am 8. April 1957, »dass wir speziell für die Bundeswehr eine Ausrüstung mit taktischen Atomwaffen anstreben. Aber die Beratungen der NATO-Konferenz im Dezember 1956 haben das Problem aufgeworfen, ob zur Verstärkung der abschreckenden Wirkung« – diese Formulierung ist angesichts des Offensivcharakters von Atomwaffen sehr interessant – »die europäischen, also die nichtamerikanischen Streitkräfte mit leichten Atomwaffen ausgestattet werden sollen. Hier ist unser Standpunkt der, dass wir Gleichberechtigung mit den übrigen europäischen Streitkräften der NATO verlangen.«

Bundeskanzler Konrad Adenauer hatte bereits vier Tage zuvor gegenüber Medienvertretern erklärt, dass die taktischen Atomwaffen nichts anderes als eine Weiterentwicklung der Artillerie seien, auf die man nicht verzichten könne.

Dass der Rheinländer diese Waffe derart verharmloste, wird wohl nicht allein seiner Unwissenheit zuzuschreiben gewesen sein. Er wollte der Ablehnung von Atomwaffen durch die Mehrheit der Bevölkerung die Spitze nehmen. Namhafte westdeutsche Wissenschaftler sprachen sich gegen Atomwaffen aus, 18 von ihnen traten am 12. April 1957 mit einer »Göttinger Erklärung« an die Öffentlichkeit. Am 3. Mai 1957 zogen ostdeutsche Kollegen nach: 14 Kernphysiker der DDR verabschiedeten eine Resolution, in der sie sich *gegen* die Entwicklung von Atomwaffen und *für* die friedliche Nutzung der Atomenergie einsetzten.

Trotzdem beschloss der Deutsche Bundestag ein knappes Jahr später, dass »die Streitkräfte der Bundesrepublik mit den modernsten Waffen so ausgerüstet werden, dass sie den von der Bundesrepublik übernommenen Verpflichtungen im Rahmen der NATO zu genügen vermögen und den notwendigen Beitrag zur Sicherung des Friedens wirksam leisten können«.

Somit war am 25. März 1958 zwar die politische und de facto auch rechtliche Grundlage für bundesdeutsche Atomwaffen gelegt worden. Doch die USA wollten denn doch nicht soweit gehen, dem einstigen Kriegsgegner den Zugriff auf ihre wichtigste Waffe zu gestatten. Sie lieferten der Bundeswehr und anderen NATO-Streitkräften die Trägermittel – die uns im Folgenden besonders interessieren –, nicht aber die Nuklearsprengköpfe. Die Verfügungsgewalt verblieb bei den USA (was den weiter oben eingeführten Begriff des Vasallen nur stützt; wie aus den von *WikiLeaks* veröffentlichten Botschaftsdepeschen übrigens hervorgeht, lagern noch immer, im Jahr 2013, US-Atomwaffen in Westdeutschland). Der Vasallenstatus änderte sich auch nicht dadurch, dass bundesdeutsche Militärs und Politiker seit 1967 in der Nuklearen Planungsgruppe der NATO saßen.

Die sowjetische Führung reagierte auf diese Entwicklung.

Ende 1959 formierten sich »Raketentruppen strategischer Bestimmung« als eigenständige Teilstreitkraft in der Sowjetarmee.

Und ferner wurden Raketen R 11 in der DDR stationiert, die ausschließlich dem Oberkommando der Gruppe der Sowjetischen Streitkräfte (GSSD) unterstellt waren.

Ein Jahr später – die Berlin-Krise und auch der Kalte Krieg hatten sich verschärft (u. a. war im Mai 1960 der US-Spion Gary Powers im Luftraum der Sowjetunion abgeschossen worden) –, hatte der sowjetische Verteidigungsminister dem Komitee der Verteidigungsminister vorgeschlagen, *alle* Streitkräfte der Warschauer Vertragsstaaten mit Raketensystemen auszustatten. In der Folge mussten erstens entsprechendes Personal ausgebildet und zweitens national die rechtlichen Voraussetzungen geschaffen werden.

In der DDR entschied der Nationale Verteidigungsrat, in den Jahren 1962/63 »eine Raketen-Brigade (Boden-Boden)« aufzustellen. Dafür sollten rund 1.200 NVA-Angehörige, darunter 140 Offiziere, abkommandiert und ausgebildet werden. Ferner sollten in sechs Divisionen der Landstreitkräfte Abteilungen mit taktischen Raketen entstehen. Auch dort wurden qualifiziertes Personal und Rückwärtige Dienste für die technische Sicherstellung gebraucht.

Aufgrund des einerseits begründeten, aber andererseits auch überzogenen Sicherheitsbedürfnisses der Sowjetunion unterwarf man das Personal besonderen Überprüfungen. Von den etwa 11.000 ausgewählten NVA-Angehörigen schaffte nur jeder Zehnte die erste Hürde und wurde sodann vom MfS überprüft. Und dort kamen nur 431 durch. Aus diesem Kreis wurden ab Februar 1961 drei Gruppen zu einem sechs- bis zehnmonatigen Kurs an die Artillerieakademie nach Leningrad kommandiert.

Die Lieferung der Raketensysteme an die DDR erfolgte auf der Grundlage eines Regierungsabkommens vom 6. September 1961 mit einer Laufzeit bis 1965.

Wolfgang Neidhardt, Generalleutnant a. D., 1963 Chef Verwaltung Artillerietechnik im Ministerium für Nationale Verteidigung, erinnert sich der Anfänge: »Zur Entscheidungsvorbereitung wurden im Dezember 1960 in Moskau zunächst vier Offiziere der Nationalen Volksarmee über Struktur, Aufbau und Kosten der

Raketeneinheiten informiert. Am 29. März 1961 tagte der Politisch Beratende Ausschuss und beschloss die Modernisierung der Streitkräfte der Teilnehmerstaaten des Warschauer Vertrags, darunter auch die Ausrüstung mit Trägermitteln für Kernwaffen. Mit diesem Beschluss zog der Warschauer Vertrag lediglich nach. Die NATO hatte bereits 1957 eine entsprechende Entscheidung getroffen.

Somit waren die Grundlagen für die Ausrüstung der Streitkräfte sämtlicher europäischer paktgebundenen Staaten zum Einsatz von Massenvernichtungsmitteln geschaffen, sie verfügten jedoch nicht über die Sprengköpfe.

Ab 1962 erfolgte die Ausrüstung der NVA mit Trägermitteln und die Aufstellung neuer Einheiten.

Für den Raketenkomplex R-11M wurde formiert
• die Artilleriebrigade 2 (ABr-2),
• die Bewegliche Artillerietechnische Basis 2 (BATB-2),
• die Parkbatterie 2.

Diese Struktureinheiten wurden direkt dem Ministerium für Nationale Verteidigung unterstellt.

Für die taktischen Raketenkomplexe 2K6 LUNA:
• pro Division je eine Abteilung.

Für die Panzerabwehrlenkraketen des Typs 3M6 SCHMEL:
• in jedem Motorisierten Schützenregiment je eine Batterie.

Zur materiell-technischen Sicherstellung wurde im Ministerium für Nationale Verteidigung parallel zur bestehenden *Verwaltung Bewaffnung* eine spezielle *Verwaltung Artillerietechnik* gebildet. Dieser Schritt ergab sich vorwiegend aus den hohen Anforderungen an die Geheimhaltung. Aus dem gleichen Grunde wurden zur Übersetzung der wichtigsten Vorschriften aus dem Russischen ins Deutsche auch Offiziere in höheren Dienststellungen herangezogen. In der Verwaltung wirkte ein sowjetischer Berater.

Zur Einführung dieser neuen Waffenkategorien lagen in der Nationalen Volksarmee keinerlei Erfahrungen vor. Alle Vorbereitungsmaßnahmen stützten sich daher auf die Sowjetarmee. Im Vordergrund stand die Ausbildung von Spezialisten.

Die erfolgte für die operativen Offiziere in Leningrad und für die Offiziere des waffentechnischen Dienstes in Pensa und in Sumy. Der Inhalt und die Dauer der Lehrgänge waren nach Kommandohöhen differenziert. Zunächst war diese Ausbildung für 120 Offiziere vorgesehen, die Anzahl wurde später erhöht.

Am 6. September 1961 wurde ein Abkommen zwischen den Regierungen der Deutschen Demokratischen Republik und der Union der Sozialistischen Sowjetrepubliken über Lieferungen von spezieller Ausrüstung in den Jahren 1961-1965 von der UdSSR an die DDR und über technische Hilfeleistungen beim Betrieb dieser Ausrüstung geschlossen. Die Lieferungen erfolgten in den Jahren 1962 und 1963. In der Anlage zum Abkommen ist in der Zeile über Lieferungen von Raketen folgende Anmerkung vorhanden: ›Die Spezialköpfe werden in der UdSSR gelagert. Die Zulieferung der Spezialköpfe an die Deutsche Demokratische Republik, deren Vorbereitung zum Schießen und die Anbringung an den Raketen erfolgen nach einem gesonderten, für einen besonderen Zeitraum ausgearbeiteten Plan.‹

Die Gefechtsschießen begannen 1963, die NVA-Einheiten verlegten nach dort (*Kapustin Jar – d. Hrsg.*) mit ihrer Gefechtstechnik. Nach dem Einrichten im Übungsraum hatten die Einheiten ihre Technik einer sowjetischen Kontrollgruppe vorzustellen.

Nach meiner Erinnerung schlossen die Einheiten der Nationalen Volksarmee diese Überprüfung stets mit guten Noten ab. Erst danach begann die Vorbereitung des Schießens, wobei auch die technische Vorbereitung der Rakete kontrolliert wurde. In den bewegenden Minuten der Startvorbereitung und des Starts war die Besatzung auf sich allein gestellt. Die anwesenden Vorgesetzten und der verbleibende Personalbestand befanden sich auf einem Aussichtspunkt in sicherer Entfernung.

Dem Start der Rakete folgten tiefe emotionale Momente bei den Beteiligten.

Nach dem Verlassen des Startraumes lagen sich die Besatzungsmitglieder der Startrampe in den Armen, gleiches geschah bei den Zuschauern auf der Tribüne. Mich beeindruckten besonders die jungen Soldaten. Sie waren stolz, diese anspruchsvolle moderne Technik gemeistert zu haben.

Das Schießen mit den ungelenkten Raketen LUNA sollte auf dem Territorium der DDR erfolgen. Das war infolge der relativ kleinen Truppenübungsplätze kompliziert. Allein jener in der Letzlinger Heide, von der GSSD genutzt, entsprach den hohen Sicherheitsanforderungen. Dieser Übungsplatz lag jedoch unter dem Luftkorridor der westlichen Alliierten von Hannover nach Berlin.

Das erste Schießen bereiteten wir mit dem Kommandeur der 1. Mot.-Schützendivision, Oberst W. Krysmann, vor. Mit der

Offiziere für operativ-taktische Raketen aus Armeen des Warschauer Vertrages an der Artillerie-Akademie in Leningrad, Lehrgang vom November 1961 bis Juli 1962. Von der NVA dabei: Oberstleutnant Marschner (erste Reihe, Erster von links), Hauptmann Waingarten (zweite Reihe, Erster von links), Oberstleutnant Stahr (zweite Reihe, Zweiter von rechts), Oberstleutnant Matern (dritte Reihe, Zweiter von links) und Oberstleutnant Schoetzke, dritte Reihe, Erster von rechts)

GSSD war abgesprochen, dass wir von der Flugüberwachung über die Zeitabstände zwischen zwei Überflügen der westlichen Maschinen informiert würden. Die Startrampe befand sich in einem behelfsmäßig eingerichteten Unterstand.

In dem Zeitfenster zwischen zwei Flügen war dieser Unterstand zu verlassen und die Feuerstellung zu beziehen, die Rampe zu vermessen, die Startvorbereitung und der Start durchzuführen, die Rampe in den Unterstand zurückzuführen und die Flugdauer der Rakete zu berücksichtigen. Der Stolz und die Freude der Soldaten nach der Meldung: ›Ziel vernichtet‹ war kaum zu beschreiben.

In den späteren Jahren fanden die Gefechtsschießen der LUNA-Einheiten auch auf anderen Übungsplätzen statt.«

Ohne qualifiziertes Personal war die Raketentechnik nicht zu beherrschen. Bereits vor Einführung der neuen Technik erfolgten in der Sowjetunion Lehrgänge für alle Dienstgradgruppen. Unteroffiziere und Soldaten absolvierten Kurse in Medwed bei Nowgorod, und die Truppenoffiziere technischen Profils in Sumy (Ukraine). Truppenoffiziere im Kommandeursprofil und die Stabsoffiziere studierten in Leningrad.

Qualifizierungslehrgang von NVA-Unteroffizieren und Soldatenspezialisten in Medwed bei Nowgorod 1961/62

Auf der 11. Sitzung des Nationalen Verteidigungsrates am 30. Mai 1962 wurde Generalmajor Artur Kunath als Chef Artillerie im Ministerium für Nationale Verteidigung bestätigt. Er absolvierte den Speziallehrgang an der Artillerie-Akademie in Leningrad und übernahm am 1. Oktober 1962 die Dienstgeschäfte seines Vorgängers, Oberst Dreiseidler, der diese als Stellvertreter vom 30. Mai bis 30. September 1962 geführt hatte.

Gemäß Befehl 17/62 des Ministers für Nationale Verteidigung wurde die Raketenbrigade operativ-taktischer Bestimmung ab Mitte Mai 1962 in Stallberg im Kreis Pasewalk unter der Tarnbezeichnung »Selbständige Artilleriebrigade 2« (sABr-2) aufgestellt. Zum ersten Kommandeur wurde am 1. Juli 1962 mit Befehl Nr. 75/62 des Ministers für Nationale Verteidigung Oberstleutnant Hans-Joachim Marschner bestimmt. Für die praktische Ausbildung an der neu eingeführten Kampftechnik stand der Raketenbrigade eine sowjetische Instruktionsbatterie zur Verfügung, die zeitgleich mit den ersten drei Startrampen vom Typ 8U218 in der Nacht vom 13. zum 14. September 1962 in Stallberg eintraf.

Die gemeinsame Ausbildung begann am 17. September 1962. Mangels eines eigenen Ausbildungsprogramms wurde zu diesem Zeitpunkt der Lehrplan der sowjetischen Truppen übernommen und akkurat abgearbeitet. Es folgte eine intensive praxisverbundene und mitunter auch individuelle Ausbildung. Die Angehöri-

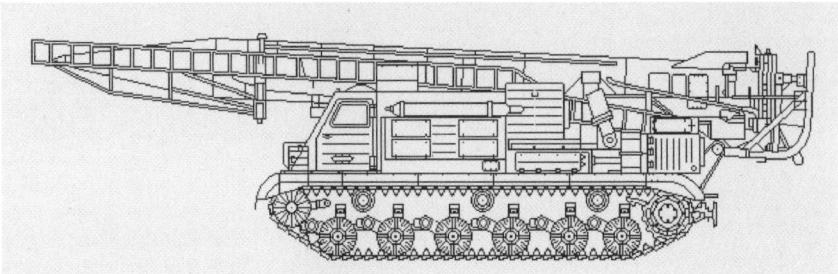

Startrampe 8U218 und Rakete 8K11 (R-11M) des Raketenkomplexes R-170 (NATO-Bezeichnung Scud A). Diese wie alle weiteren Computerdarstellungen im Buch: Peter Hall

Verabschiedung der sowjetischen Instruktionsbatterie in Stallberg,
1962. In der ersten Reihe Major Stahr (Zweiter von links), neben
ihm Major Latochin, dann Oberstleutnant Stein, Oberstleutnant
Marschner, Generalmajor Pontus, Fünfter von rechts Generalmajor
Kunath, rechts neben ihm Oberst Kudinow, Zweiter von rechts
Major Richter und rechts außen Oberleutnant Herrmann

gen der Instruktionsbatterie waren ihren deutschen Genossen eine
wertvolle Hilfe, sie standen ihnen mit Rat und Tat zur Seite.

Am 23. Oktober 1962 besichtigten der Minister für Nationale
Verteidigung der DDR, Armeegeneral Heinz Hoffmann, und
Generaloberst Witali A. Beljawski als Vertreter des Vereinten
Oberkommandos der Warschauer Vertragsstaaten in der DDR
die Spezialtechnik, sie wurde von gemischten deutsch-sowjeti-
schen Bedienungen vorgeführt. Vier Monate später erfolgte eine
Lehrvorführung einer Schulungsgruppe des Ministeriums für
Nationale Verteidigung bereits ausschließlich mit deutschen
Bedienungen.

Mit dem Befehl 106/62 wies der Minister für Nationale Verteidigung im Oktober 1962 die Aufstellung der II. Raketenabteilung
der sABr-2 und der Artillerieausbildungsabteilung 2 an. Die Spezialtechnik für die II. Raketenabteilung der sABr-2 traf im Dezember 1962 in Stallberg ein. Ab 12. Juli 1963 erfolgte die Ausbildung

in der Artillerieausbildungsabteilung-2, die der sABr-2 unterstellt wurde.

Von Anfang an widmete die Staats- und Parteiführung der Deutschen Demokratischen Republik den Raketentruppen der Landstreitkräfte besondere Aufmerksamkeit. Ausdruck dieser Wertschätzung war die Wahl des Kommandeurs der sABr-2, Oberstleutnant Marschner, zum Kandidaten des Zentralkomitees auf dem VI. Parteitag der SED 1963.

Am 3. August 1964 besuchten Walter Ulbricht und weitere Mitglieder des Politbüros Stallberg. Zuvor weilte bereits der sowjetische Verteidigungsminister, Marschall Rodion J. Malinowski, in Begleitung von DDR-Verteidigungsminister Heinz Hoffmann in der Garnison in Stallberg.

In den Divisionen wurden ebenfalls Raketentruppenteile aufgestellt, die jedoch aus Gründen der Geheimhaltung als »selbständige Artillerieabteilungen« (sAA) geführt wurden. Insgesamt

Besuch im Lehrkabinett der selbständigen Artillerieausbildungsabteilung-2 (sAA-2) in Stallberg: Staats- und Parteichef Walter Ulbricht, 3. August 1964

Zuvor waren bereits der sowjetische Verteidigungsminister Rodion J. Malinowski und sein Kollege Heinz Hoffmann da, 8. April 1964

wurden sechs Abteilungen mit dem Raketenkomplex 2K6 LUNA ausgerüstet.

Waren die selbständigen Artillerieabteilungen gebildet, jedoch die Raketenkomplexe noch nicht zugeführt, wurden diese mit 76-mm-Panzerabwehrkanonen ZIS-3 ausgerüstet.

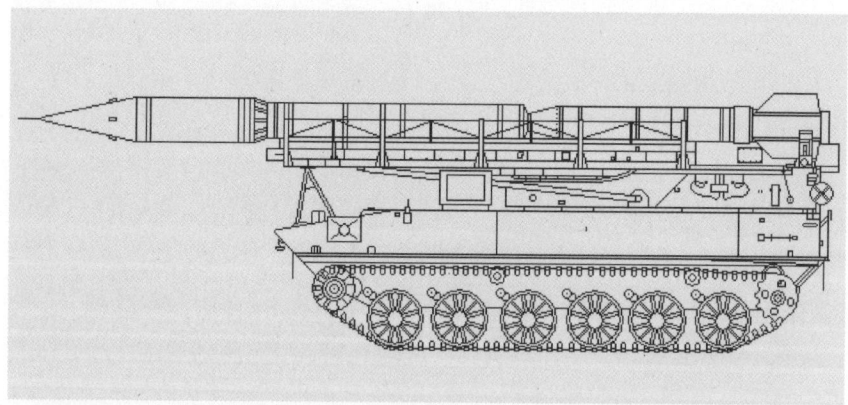

Startrampe 2P16 und Rakete 3R10 des Raketenkomplexes 2K6 LUNA, die in sechs Raketenabteilungen eingeführt wurden

Erster Raketenstart der NVA 1963

Nachdem die Ausbildung erfolgt und die neue Bewaffnung übergeben war, stellten die Truppenteile und der Verband der Raketentruppen die Gefechtsbereitschaft her. Diese Aufgabe galt mit der erfolgreichen Durchführung einer taktischen Übung mit Gefechtsstart als erfüllt.

In der DDR existierten keine Truppenübungsplätze, die für Gefechtsstarts operativ-taktischer Raketen geeignet waren. Deshalb erfolgten sie auf dem Staatspolygon Kapustin Jar östlich von Wolgograd. Die Übungen mit taktischen Raketen wurden auf DDR-Territorium absolviert. Zum Verständnis: Operativ-taktische Raketen hatten eine Reichweite von mehreren hundert Kilometern, die taktischen flogen maximal bis 120 Kilometer.

Den ersten Start einer operativ-taktischen Rakete 8K11 der Landstreitkräfte der NVA befehligte 1963 Hauptmann Dietmar Wittig, Chef der 3. Startbatterie der sABr-2. Oberst a. D. Dietmar Wittig erinnerte sich später dieser Premiere: »Am 10. August 1963 fand der erste Start einer operativ-taktischen Rakete durch meine Einheit in Kasachstan statt. Begonnen hatte alles Mitte Mai 1962 in Stallberg. Die erste Raketeneinheit einschließlich der für die Funktionsfähigkeit einer späteren Raketenbrigade erforderlichen Einheiten wurde aufgestellt.

Die 1. Raketenabteilung unter Kommandeur Oberstleutnant Fritz Henker wurde zur Basis für eine neue Waffengattung in der Nationalen Volksarmee, die Raketentruppen. Während in den anderen Waffengattungen die technischen Voraussetzungen für die Ausbildung ihrer Soldaten und Unteroffiziere gegeben waren, fehlte uns nahezu alles. Außer den Aufzeichnungen und dem Wissen der Offiziere, welches in der Sowjetunion erworben worden war, stand uns nichts zur Verfügung. Uns blieb also nichts anderes übrig, als selbst Schemata anzufertigen, um Unteroffizieren und Soldaten den Aufbau und das Innenleben einer Rakete zu zeigen und damit erste Grundkenntnisse zu vermitteln.

Wenn ich mich richtig erinnere, wurden im September 1962 die ersten Startrampen 8U218 für die Rakete 8K11 (*den Raketenkomplex R-170 [R-11M] – d. Hrsg.*) zugeführt. Gleichzeitig trafen erfahrene Offiziere der Raketentruppen der Sowjetarmee ein, die uns in den folgenden Wochen und Monaten wertvolle Hilfe bei der praktischen Ausbildung leisteten.

Zu jenem Zeitpunkt begann der Kampf um die besten Ergebnisse. Das Ziel war, die Arbeit auf dem PTS (*Punkt technische Sicherstellung – d. Hrsg.*) und die Startbereitschaft jeweils unter 30 Minuten und eine Quote von maximal zwei Fehlern zu erreichen. Die 1. Batterie unter Batteriechef Oberleutnant Martin Ott, die 2. Batterie unter Hauptmann Franz Pauscheck und die 3. Batterie unter meiner Führung setzten alles daran, die Besten zu sein. Motiviert wurden wir auch dadurch, dass im folgenden Jahr eine Batterie in die Steppe von Kasachstan verlegt werden sollte, um dort die erste NVA-Rakete zu verschießen. Diesem Ziel ordneten wir die gesamte weitere Ausbildung unter. Mein Batterieoffizier Oberleutnant Kuno Fischer, später Leiter der Zentralen Kontrollgruppe für die Raketentruppen, und mein Leiter Lenkeinrichtung, Oberleutnant Felix Stephan, engagierten sich in besonderem Maße.

Die Ausbildung im Gelände endete Mitte 1963 mit einer Abteilungsübung, bei der jede Batterie ihre Fähigkeiten beweisen musste. Da die Batterien in der Reihenfolge der Nummerierung begannen, konnten wir uns als dritte Batterie natürlich an den Ergebnissen der ersten beiden orientieren. Nachdem beide patzten, fragte mich der Abteilungskommandeur, ob ich noch antreten wolle. Ich war überzeugt, dass ich eine Batterie führte, die bis zum letzten Soldaten gut ausgebildet war, und antwortete mit Ja. Ich sollte mich nicht geirrt haben: Alle drei Feueraufgaben wurden mit guten Ergebnissen erfüllt.

Die Technik wurde unter strengsten Sicherheitsbestimmungen auf dem Bahnhof Uhlenkrug nach Kasachstan verladen. Der Waggon für die Startrampe war zu schmal, es musste ein anderer bereitgestellt werden. Mit Ruhe und Übersicht löste die Besat-

In der Startstellung: Raketenkomplex 2K6 LUNA (Startrampe 2P16 und Rakete 3R9). Die Erststarts in den Raketentruppenteilen der NVA erfolgten am 2. und 4. Oktober 1963 auf dem Truppenübungsplatz in Hillersleben (sAA-9 und sAA-4), am 14., 15. und 21. Oktober 1964 auf dem Truppenübungsplatz in Nochten (sAA-7, sAA-11, sAA-8) und am 23. Oktober 1964 auf dem Truppenübungsplatz Klietz (sAA-1)

zung auch diese Aufgabe. Wir 64 Personen, vom Soldaten bis zum Offizier, wurden in einem sogenannten Pullmanwagen untergebracht. Für eine solch lange Strecke war der nicht geeignet, später reisten wir bequemer. Nach mehreren Tagen und Nächten trafen wir am Zielbahnhof Baskuntschak ein. Nach der Entladung und dem Marsch war Ruhe angesagt. Ein ›Gesetz‹ lautete, das Lager nie ohne Mütze, Sonnenbrille, Trinkflasche und Stiefel zu verlassen: wegen der Sonne, Schlangen und Falangas, einer giftigen Spinnenart.

Nach einigen Tagen der Akklimatisierung begann die Ausbildung und damit die Vorbereitung auf den Start. Wir mussten uns einer erneuten Zulassungsüberprüfung durch zwei Kontrollgruppen – einer sowjetischen und der der NVA unter Leitung von Oberstleutnant Trost – unterziehen. Die Übernahme der Rakete auf dem PTS (*Punkt technische Sicherstellung – d. Hrsg.*) und die Feueraufgabe wurden bei der Zulassungsüberprüfung bestanden.

Am Vorabend des Starts vermaßen der Führungszugführer Oberleutnant Kalies und die Vermesser die Startstellung.

Die Übung selbst begann in den frühen Morgenstunden des 10. August – eine Feueraufgabe mit einer Lehrtrainingsrakete. Nach deren Abgabe auf dem PTS und Herstellung der Ausgangslage wurde der Befehl zur Übernahme einer voll betankten Rakete und zum Marsch in die Startstellung gegeben. Ohne Zwischenfall wurde die Startstellung bezogen. Nachdem die sowjetische Kontrollgruppe ihre Zustimmung zum Start erteilt hatte, ging die Besatzung in Deckung. In der Startrampe befanden sich nur noch der Leiter Lenkeinrichtung und der Startrampenfahrer.

Um 7.10 Uhr erfolgte der Start.

Nach endlos erscheinenden fünf Minuten traf die Meldung ein: Die Rakete hatte das vorgesehene Zielgebiet erreicht.

Die Bewertung mit der Note 1 löste große Freude aus. Die monatelange harte Vorbereitung hatte sich gelohnt.

Nach etwa zwei Stunden Pause wurde die Übung fortgesetzt. Es war eine Aufgabe aus der Bewegung und mit voller Schutzbekleidung, bei etwa 40 Grad Celsius eine mehr als harte Aufgabe. Jeder Einzelne war gefordert, bis an seine Leistungsgrenze zu gehen. Völlig erschöpft, aber stolz auf die guten Ergebnisse, kehrten wir in den späten Nachmittagsstunden ins Lager zurück.«

Soweit der Bericht vom ersten Schießen auf dem sowjetischen Staatspolygon Kapustin Jar.

Der erste Start einer ungelenkten Rakete vom Typ 3R9 LUNA in der DDR erfolgte auf einem Truppenübungsplatz bei Hillersleben in der Colbitz-Letzlinger Heide. Am 2. Oktober 1963 erteilte der Chef der 2. Startbatterie der sAA-9, Hauptmann Düben, den Feuerbefehl. Das Resultat wurde mit der Note Sehr gut (Abweichung nach der Entfernung +600 Meter, nach der Seite +45 Meter) bewertet.

Am 22. Juni 1964 beschloss der Nationale Verteidigungsrat auf seiner 19. Sitzung die Konzeption zur Einführung moderner Bewaffnung und Ausrüstung in die DDR-Streitkräfte. Auf der Liste standen auch der Raketenkomplex 9K72 und die Rakete LUNA »mit verbesserter Reichweite«. Damit sollte eine stärkere Feuerkraft erreicht werden.

Ab Herbst 1964 wurde der operativ-taktische Raketenkomplex R-170 sukzessive durch den Raketenkomplex R-300 mit Ketten-startrampe 2P19 und der Rakete 8K14 ersetzt.

Zuerst erhielt die II. Raketenabteilung der sABr-2 die neue Technik. In der Folge standen der Brigade drei Reservestartrampen für den Raketenkomplex R-170 zur Verfügung, die sich kaum zwei Jahre lang im Truppendienst befanden.

Der erste Start einer Rakete 8K14 erfolgte am 24. September 1965 nachmittags durch die 5. Startbatterie unter dem Kommando von Batteriechef Günter Schacker.

Am 13. und 14. Dezember 1967 verabschiedete der NATO-Rat die Militärstrategie der flexiblen Reaktion (*Flexible Response*). Die Anregung stammte von US-Präsident Kennedy vom 28. März 1961. Damit trug die NATO dem inzwischen von der Sowjet-union hergestellten annähernden militärstrategischen Gleichge-

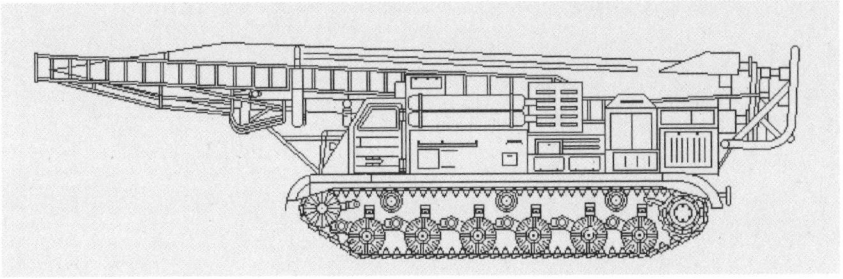

Startrampe 2P19 mit Rakete 8K14 des Raketenkomplexes 9K72 (NATO-Bezeichnung Scud B) war seit Herbst 1964 in der NVA, Erststart erfolgte am 24. September 1965

*Raketenstart während der Übung PLUTO-69. Als Reaktion auf die
NATO-Strategie »Flexible Response« probte der Warschauer Vertrag
»massierte Schläge« mit den Raketentruppen, 1969*

wicht Rechnung. Der darum geplante rasche Einsatz von
Nuklearwaffen auf westlicher Seite verwies die konventionellen
Streitkräfte der Bundesrepublik in die zweite Reihe, was Helmut
Schmidt, der 1969 in der Brandt-Scheel-Regierung Verteidigungsminister wurde, kritisierte. Allerdings aus einem anderen
Grunde: »Der Albdruck hoffnungsloser konventioneller Unterle-
genheit des Westens ist seit Vollendung des Aufbaus der deutschen
Streitkräfte nicht mehr gerechtfertigt. Wohl aber ist die wegen dieses Albdrucks seit 1962 entfaltete und 1967 im Bündnis beschlos-
sene Strategie der Flexible Response durchaus geeignet, den Ver-
teidigungskampfwert der Bundeswehr entscheidend zu verkrüp-
peln. Denn in Wirklichkeit sahen seit 1967 alle Militärpläne und
-manöver keine wirkliche Flexibilität vor; vielmehr ging die
NATO-Führung immer von einer schnellen Eskalation aus, sie
unterstellte und übte in ihren Manövern einen frühen Erstge-
brauch nuklearer Waffen durch den Westen. Als ich 1969 Verteidigungsminister wurde, war mir klar, dass diese Strategie im

Ernstfall innerhalb weniger Tage zu millionenfacher Vernichtung menschlichen Lebens in beiden Teilen Deutschlands führen konnte.«[1]

Die Sowjetunion reagierte mit einer Strategie der etappenweisen Handlungen. Ein wichtiges Element dieser Strategie war der Gedanke des ersten massierten Kernwaffenschlages der Front.

Erste Erfahrungen zu massierten Schlägen sammelten die Raketentruppen der NVA während der Übungen URANUS-68 und PLUTO-69. Marschall Konstantin P. Kasakow äußerte unter dem Eindruck des geprobten massierten Schlages vom 20. Mai 1968: »In diesem Moment hoben sich – erstmals in der ganzen Welt praktisch vorgeführt – neun operativ-taktische Raketen von ihren Startrampen und erreichten nach wenigen Minuten über hunderte von Kilometern ihre vorgesehenen Ziele mit großer Genauigkeit.«[2]

In den Raketenabteilungen der Divisionen begann im Herbst 1967 die Umrüstung auf den moderneren Raketenkomplex 9K52 LUNA-M mit Räderstartrampe 9P113 und Rakete 9M21. Bis zur Auflösung der NVA im Jahre 1990 gehörte der Raketenkomplex 9K52 LUNA-M zur Bewaffnung vieler Raketenabteilungen der Divisionen.

Zum 7. Oktober 1967 erfolgte auf der Grundlage des Befehls 53/67 des Ministers für Nationale Verteidigung die Umbenennung der selbständigen Artilleriebrigade 2 in 5. Raketenbrigade, gleichzeitig wurden die selbständigen Artillerieabteilungen der Divisionen in Raketenabteilungen und die Artillerieausbildungsabteilungen in Raketenausbildungsabteilungen umbenannt.

Anmerkungen

1   Helmut Schmidt: Menschen und Mächte, München 1990, S. 143f.
2   BA/MA Freiburg, VA-01/13243, Bl. 9

Einordnung der Raketentruppen der Landstreitkräfte

Die Raketentruppen der Landstreitkräfte der NVA gehörten zur Waffengattung »Raketentruppen und Artillerie«. »Die Raketentruppen sind zum Bekämpfen von Einsatzmitteln der Kern- und chemischen Waffen, Hauptgruppierungen der Truppen, Fliegerkräften auf Flugplätzen, Luftabwehr- und Raketenabwehrmitteln, Führungsstellen, rückwärtigen und anderen wichtigen Objekten des Gegners in der gesamten Tiefe seines operativen Aufbaus und in der Küstenrichtung auch für das Zerstören von Stützpunkten der Seestreitkräfte des Gegners und das Vernichten seiner Kriegs- und anderen Schiffe bestimmt«[1], hieß es in der Gefechtsvorschrift.

Sie unterstanden dem Chef der Landstreitkräfte, den Chefs der Militärbezirke und den Kommandeuren der Divisionen. Die fachliche Führung oblag den jeweiligen Chefs der Raketentruppen und Artillerie der Landstreitkräfte, der Militärbezirke und der Divisionen. Ab 1975 gab es in den beiden Militärbezirken jeweils eine Raketenbrigade, deren Hauptbewaffnung aus operativ-taktischen Raketenkomplexen bestand:
• die 3. Raketenbrigade im Bestand des Militärbezirks III in Tautenhain (heute Thüringen) und
• die 5. Raketenbrigade im Bestand des Militärbezirks V in Demen (heute Mecklenburg-Vorpommern).

Die Divisionen verfügten über Raketenabteilungen, die mit taktischen Raketenkomplexen ausgerüstet waren.

Die Raketentruppen gliederten sich in Brigaden, Abteilungen und Batterien. Gegenüber den Divisionen, Bataillonen und Kompanien anderer Waffengattungen der Landstreitkräfte hatten diese militärischen Formationen bei höherer Feuerkraft einen weit geringeren Personalbestand.

Die Ausbildungszentren der Landstreitkräfte waren Mobil-machungsverbände im Verteidigungszustand. Nur die Raketenab-teilungen dieser Mobilmachungsdivisionen existierten im vollen Bestand und dienten der Ausbildung von Reservisten.

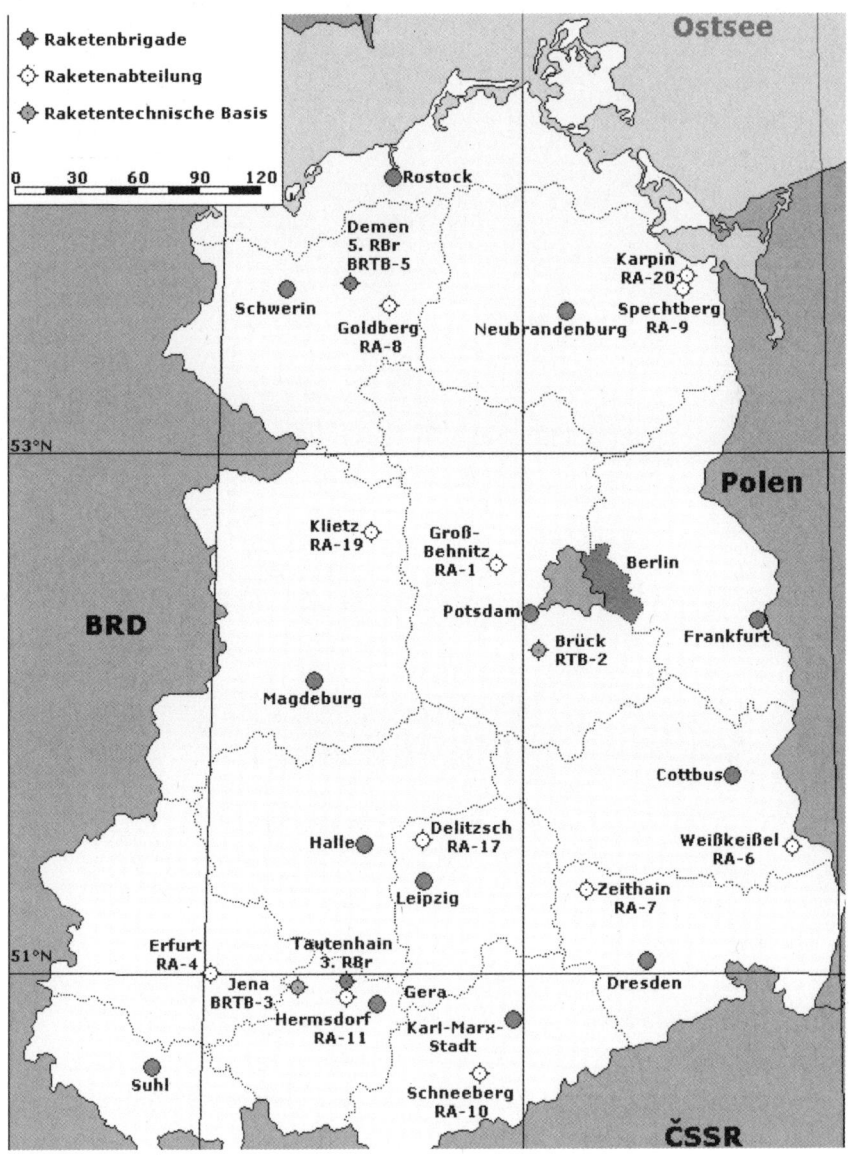

Dislozierung der NVA-Raketentruppen in den 80er Jahren

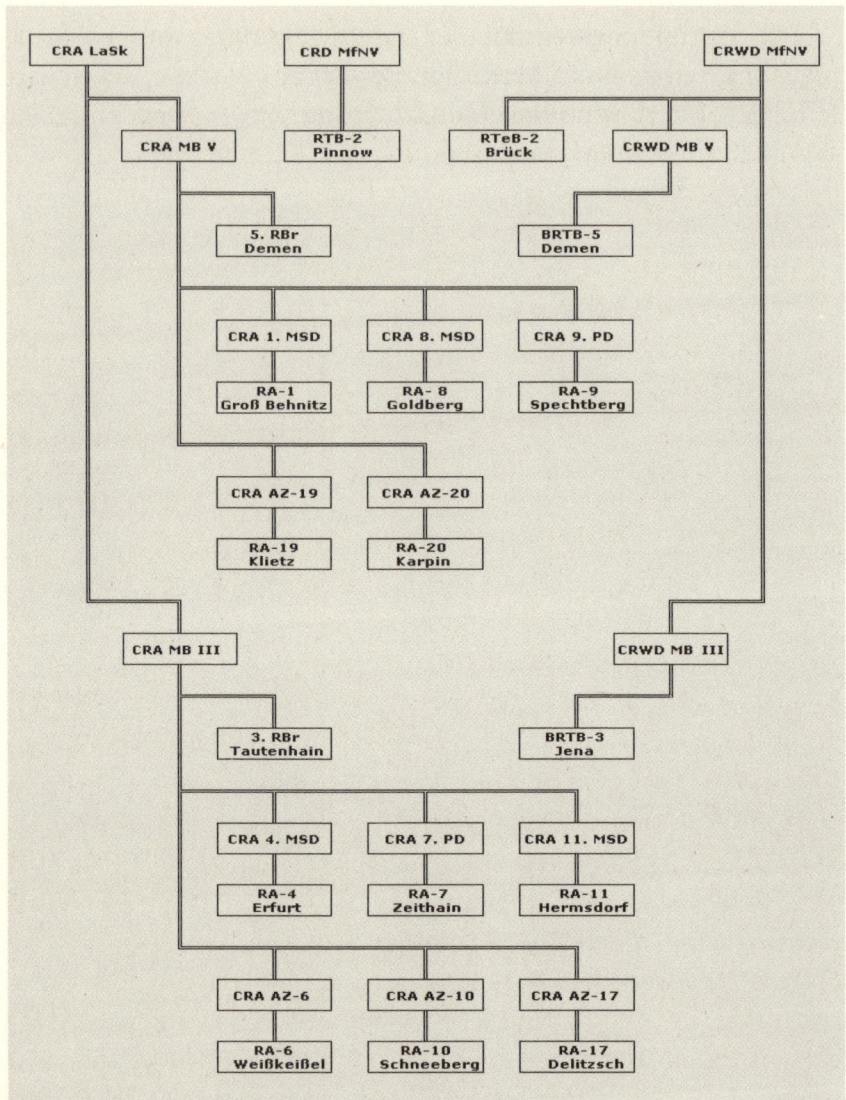

Gliederung und Unterstellung der Raketensicherstellungs- und Raketentruppen der Landstreitkräfte. Zur Erklärung: CRA LaSk = Chef der Raketentruppen und Artillerie der Landstreitkräfte, CRD MfNV = Chef Rückwärtige Dienste des Ministeriums für Nationale Verteidigung, CRWD MfNV = Chef Raketen- und Waffentechnischer Dienst des Ministeriums für Nationale Verteidigung, CRA MB V = Chef der Raketentruppen und Artillerie des Militärbezirks V usw.

Die Raketentruppen waren mit Raketenkomplexen sowohl taktischer als auch operativ-taktischer Bestimmung ausgerüstet. Bei den Startrampen handelte es sich ausschließlich um selbstfahrende Technik. Die mobilen Startrampen übernahmen die Aufgabe der feldmäßigen Lagerung, des Transports, der Vorstartüberprüfung, des Richtens auf das Ziel und des Starts der operativ-taktischen oder taktischen Raketen.

Die materiell-technische Sicherstellung besorgten die als Basen bezeichneten Sicherstellungstruppen. Sie gehörten nicht zur Waffengattung Raketentruppen und Artillerie, sondern zum Raketen- und Waffentechnischen Dienst im Bereich des Stellvertreters des Minister für Technik und Bewaffnung bzw. die Raketentreibstoffbasis 2 zum Treib- und Schmierstoffdienst im Bereich des Stellvertreters des Ministers für Rückwärtige Dienste.

Die Anforderungen an alle Truppenteile und Verbände der NVA waren hoch, die an die Raketentruppen noch höher. Sie galten als potentielles Kernwaffeneinsatzmittel der Armee bzw. der Division, weshalb sie unter ständiger Gefechtsbereitschaft (SG) lagen. Jedoch befanden sie sich nicht im Diensthabenden System und waren darum auch nicht in der Lage, aus Startstellungen in wenigen Minuten voreingestellte Ziele zu bekämpfen.

Darin unterschieden sie sich von vergleichbaren Truppenteilen der Bundeswehr, wo es eine Sofortbereitschaft (*QRA – Quick Reaction Alert*) gab. In ausgebauten Startstellungen waren neun Startrampen des Flugkörpergeschwaders PERSHING 1A stationiert. Binnen weniger Minuten waren die Raketen startbereit, die Ziele bekannt und eingegeben. Die Bedienungen arbeiteten und schliefen in der Nähe. Jedem Flugkörpergeschwader war eine *Custodial Unit* zugeordnet, die die US-amerikanische Verfügungsgewalt über die Gefechtsköpfe sicherstellte.

In der NVA hieß »ständige Gefechtsbereitschaft«, dass sich mindestens 85 Prozent des Personalbestandes im Objekt oder im Standort aufhielten.

Der geforderte Koeffizient der technischen Einsatzbereitschaft (KTE) betrug für die Startrampen und Raketen-Transportfahrzeuge 1,0, das hieß 100 Prozent. Ein technischer Ausfall war meldepflichtig und in vorgegebenen Fristen zu beheben. Für die Führungs- und Nachrichtentechnik sowie andere wichtige Technik war dieser Koeffizient in der Regel bei 0,95 befohlen.

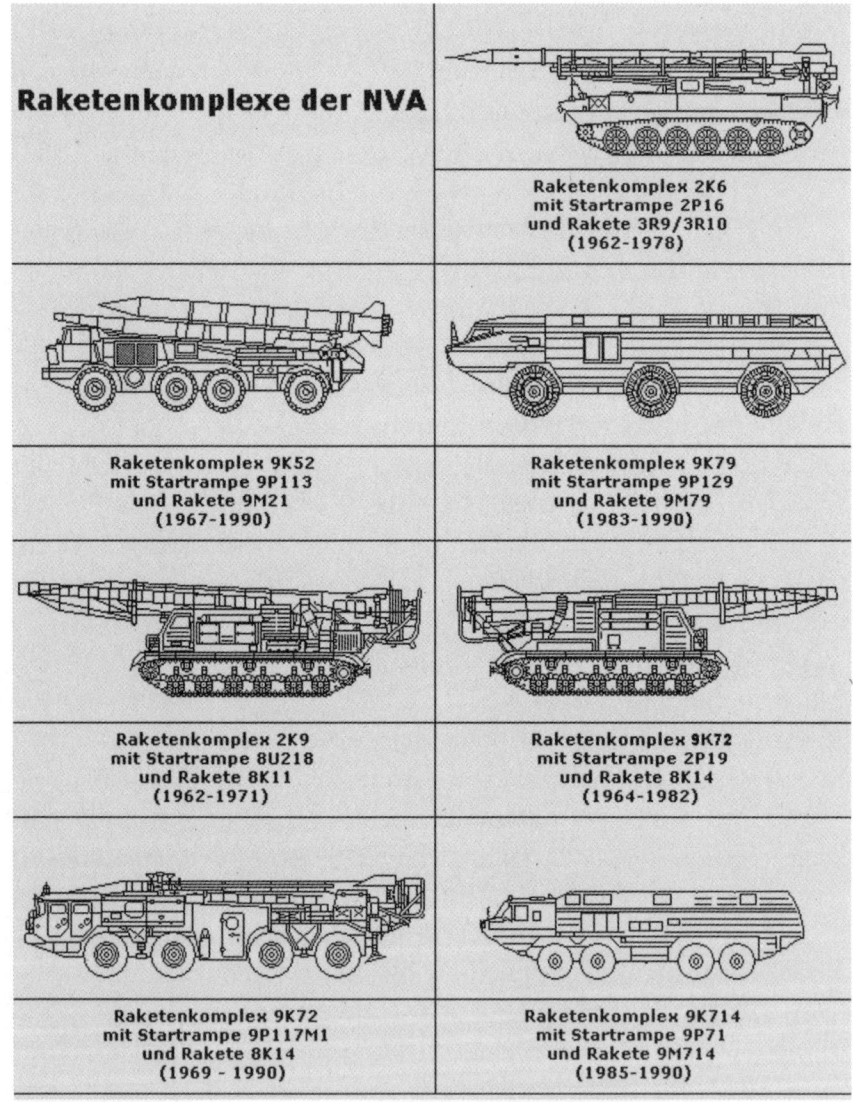

Raketenkomplexe der NVA

Raketenkomplex 2K6
mit Startrampe 2P16
und Rakete 3R9/3R10
(1962-1978)

Raketenkomplex 9K52
mit Startrampe 9P113
und Rakete 9M21
(1967-1990)

Raketenkomplex 9K79
mit Startrampe 9P129
und Rakete 9M79
(1983-1990)

Raketenkomplex 2K9
mit Startrampe 8U218
und Rakete 8K11
(1962-1971)

Raketenkomplex 9K72
mit Startrampe 2P19
und Rakete 8K14
(1964-1982)

Raketenkomplex 9K72
mit Startrampe 9P117M1
und Rakete 8K14
(1969 - 1990)

Raketenkomplex 9K714
mit Startrampe 9P71
und Rakete 9M714
(1985-1990)

Raketenkomplexe der Landstreitkräfte der Nationalen Volksarmee, in Klammern die Dauer ihrer Verwendung

Im Zentrum der Ausbildung der Startbatterien stand die Fähigkeit, die Rakete von einer in eine andere Bereitschaftsstufe zu überführen oder sie zu starten. Die Truppenübung mit Gefechtsstart war der Höhepunkt bei dieser Ausbildung.

Da ein Überschießen von Wohngebieten grundsätzlich verboten war, gab es nur wenige Truppenübungsplätze in der DDR, auf denen taktische Raketen gestartet werden durften. Möglich war dies auf den Truppenübungsplätzen Nochten, Klietz und Jägerbrück sowie auf den sowjetischen Truppenübungsplätzen bei Hillersleben oder Sagan in Polen.

Die Raketentruppen der Landstreitkräfte starteten während der Dauer ihrer Existenz 221 taktische Raketen vom Typ 3R9 LUNA, 9M21 LUNA-M und 9M79 TOTSCHKA.

Operativ-taktische Raketen konnten auf keinem Übungsplatz auf DDR-Territorium gestartet werden. Starts erfolgten ausschließlich auf dem Staatspolygon Kapustin Jar. Dort verschossen die Startbatterien der beiden Raketenbrigaden 97 operativ-taktische Raketen 8K11, 8K14 und 9M714 OKA.

Die meisten Startrampen taktischer und operativ-taktischer Bestimmung in der DDR – nämlich 76 Prozent – besaß die Gruppe der Sowjetischen Streitkräfte in Deutschland.

Ähnlich war das Verhältnis in der Bundesrepublik.

Die Behauptung, dass die Sowjetunion in den 80er Jahren Mittelstreckenraketen vom Typ SS-20 (Pionier, NATO-Bezeichnung Saber) in der DDR stationiert hat, ist unzutreffend. Jeder Punkt Westeuropas war von Startstellungen im europäischen Teil der Sowjetunion aus erreichbar, womit sich eine Stationierung dieser Raketen außerhalb der Landesgrenzen erübrigte. Dagegen sprachen auch die technischen Parameter. Da diese Raketen mit Feststofftriebwerken flogen, die kaum zu löschen bzw. stoppen waren und darum nur bei längerer Flugzeit präzise gesteuert werden konnten, hieß es nicht grundlos: Je kürzer die Distanz, desto größer die Abweichung vom Ziel.

Nur einmal, etwa Ende der 50er Jahre, hatte die Sowjetunion in der DDR strategische Raketen vom Typ R-5M (SS-3, NATO-

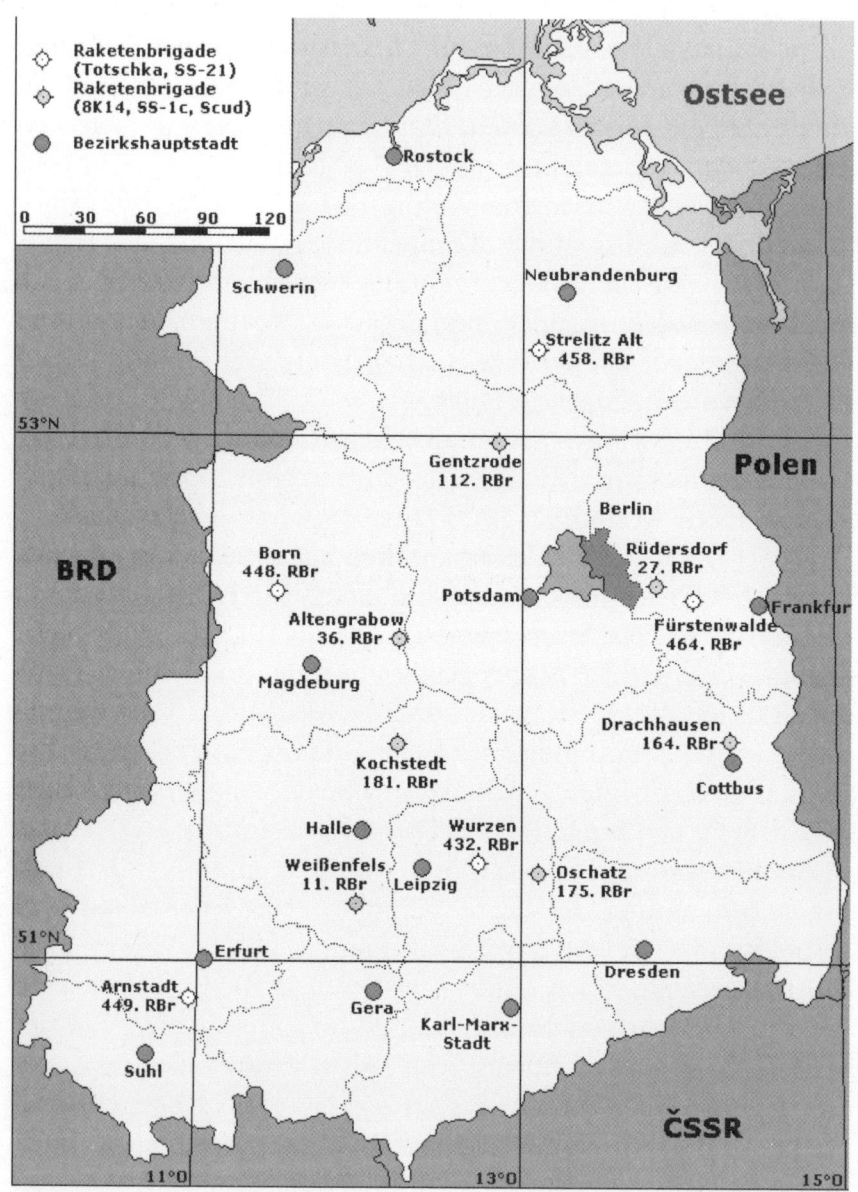

Die Dislozierung der Raketentruppen der Westgruppe der sowjetischen Streitkräfte (vormals GSSD) im Jahr 1989. Die Anzahl der Raketensysteme in der DDR betrug insgesamt 266 ballistische Raketen (davon NVA 68), in der BRD 258 (davon Bundeswehr 96). Strategische Raketen im Osten 0, im Westen 108

Bezeichnung Shyster) stationiert. Diese wurden jedoch aus Fürstenberg abgezogen, als ausreichend SS-4 und SS-5 in der Sowjetunion bereitstanden, um relevante Ziele in Westeuropa von dort aus zu erreichen.

Anmerkung

1 DV 326/0/001 Gefechtsvorschrift der Raketentruppen und Artillerie der Landstreitkräfte, Division, Brigade und Regiment, Ministerium für Nationale Verteidigung, 1984, S. 8

Ballistische Kampfraketen

Bei Raketen handelt es sich um »unbemannte Fluggeräte, die sich unter der Wirkung des beim Ausstoßen eines Masseteilchenstroms durch ein Strahltriebwerk entstehenden Schubs vorwärts bewegen«, wie es in der 1983 erschienenen sowjetischen Militärenzyklopädie hieß.[1]

Dieser Begriff ist aus Sicht des Triebwerkes definiert. In anderen Armeen, darunter auch der Bundeswehr, versteht man unter Raketen etwas anderes, nämlich »nur jene ungelenkten Flugkörper«, so Franz Felberbauer, »die nicht aus einem Rohr verschossen werden und deren Antrieb durch den Ausstoß von Verbrennungsgasen fester, flüssiger oder auch gasförmiger Treibstoffe erfolgt, wobei kein Luftsauerstoff benötigt wird«.[2] Die Raketentruppen der NVA verfügten über ballistische Kampfraketen. Nach Brennschluss des Triebwerkes bewegten sich diese Raketen im passiven Flugbahnabschnitt nach den Gesetzen der Ballistik.

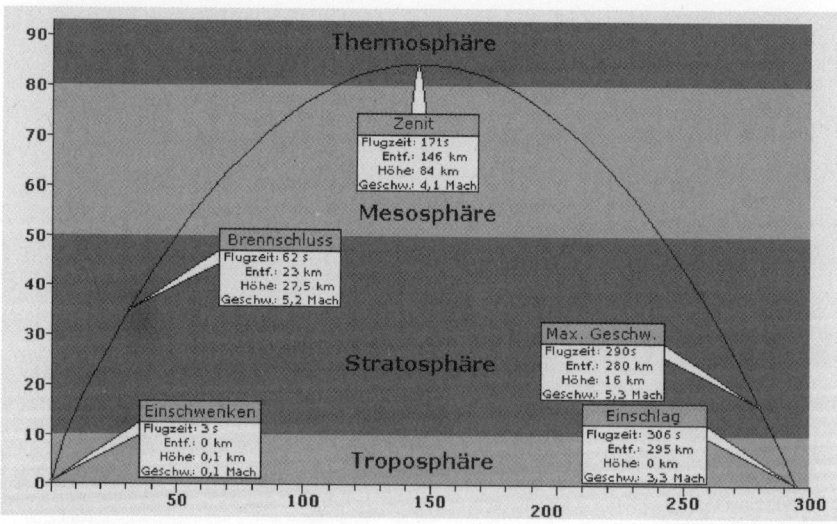

Flugbahn einer Rakete 8K14

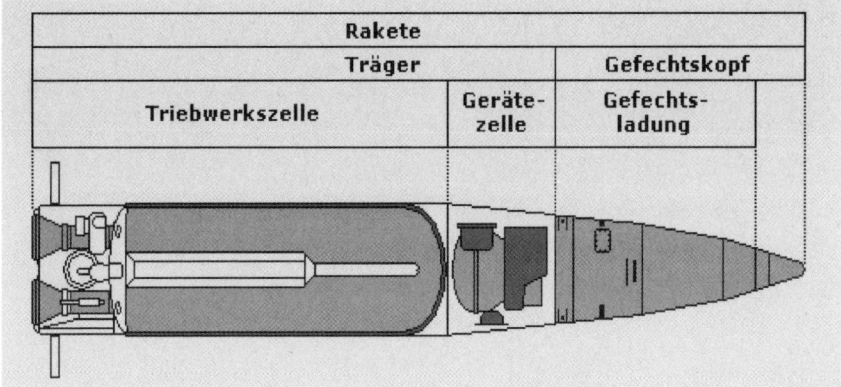

Rakete		
Träger		Gefechtskopf
Triebwerkszelle	Geräte-zelle	Gefechts-ladung

Wesentliche Bestandteile einer Rakete am Beispiel der 9M714 OKA

Eine Rakete besteht aus dem Träger und dem Gefechtskopf. Der Träger enthält das Triebwerk, die Treibstofftanks bzw. den Treibstoff und die Gerätezelle mit der Lenkeinrichtung für gelenkte Raketen. Der Gefechtskopf dient der unmittelbaren Bekämpfung des gegnerischen Ziels. Er besteht aus folgenden Hauptteilen: Mantel, Gefechtsladung, Detonationssystem und Sicherungssystem, bei neueren Gefechtsköpfen einem System zur Antiraketenabwehr. Die Gefechtsladung ist der im Ziel wirkende Teil. Das Hauptmerkmal von Gefechtsköpfen ist die Detonationsstärke der Gefechtsladung.

Erst der Nuklearsprengkopf machte daraus eine »Atomrakete«. Die Raketentruppen der NVA hatten, wie schon erwähnt, *keine* Verfügungsgewalt über nukleare Gefechtsköpfe. Sie lag ausschließlich bei den sowjetischen Streitkräften.

Für die Träger taktischer Bestimmung besaß die NVA eine begrenzte Anzahl von Splitterspreng- und Kassettengefechtsköpfen. Für die Träger 8K14 des Raketenkomplexes 9K72 besaß sie *keine* Gefechtsköpfe.

Gemäß ihrer Triebwerksart unterscheidet man in Flüssigkeits-, Feststoff- und Hybridraketen.

Die Raketen 8K11 und 8K14 wurden aus einem Gemisch von Kerosin und Salpetersäure als Oxydator (Sauerstoffträger) getrieben und waren darum Flüssigkeitsraketen.

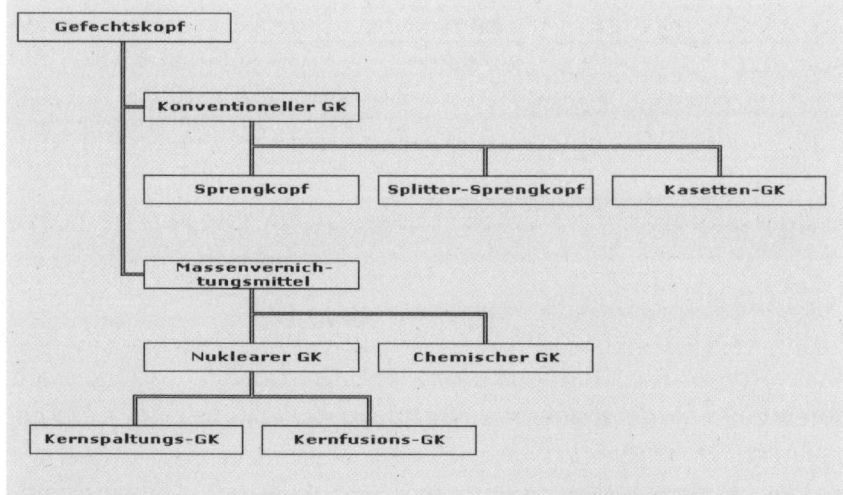

Gefechtskopfarten nach der Ladung. Die NVA verfügte ingesamt über 123 Splittersprengköpfe und 12 Kassettengefechtsköpfe für LUNA-M, 10 Splitterspreng- und 22 Kassettengefechtsköpfe für TOTSCHKA (SS-21) sowie 11 Kassettengefechtsköpfe für OKA (SS-23)

Zu den Feststoffraketen gehörten die Raketen 3R9, 3R10 und 9M21 (LUNA und LUNA-M). Ihr Treibstoff basierte auf Nitroglyzerinpulver. Die Feststoffraketen der 80er Jahre (9M714 OKA und 9M79 TOTSCHKA) flogen mit einem durch Kautschuk gebundenen Kompositgemisch aus Ammonium-Perchlorat und Aluminiumpulver.

Das Triebwerk einer Flüssigkeitsrakete ist einem Automotor ähnlich. Zum Starten eines Automotors gibt ein elektrisch betriebener Anlasser den Anfangsdrehimpuls, beim Raketenmotor der Flüssigkeitsrakete 8K14 besorgte dies eine elektrisch gezündete Pulverladung in der Anlasskammer. Damit erhielt das Turbinenpumpenaggregat seinen Anfangsdrehimpuls bei gleichzeitiger Öffnung der Ventile für die Treibstoffzufuhr.

Während im Automotor das Kraftstoff-Luftgemisch zyklisch entzündet wird, erfolgte dies im Raketenmotor nur einmal durch eine chemische Reaktion (Selbstentzündung) zwischen dem Oxydator und einem speziellen Startbrennstoff in der Brennkammer des Triebwerkes und im Gasgenerator. Der Gasgenerator treibt nach dem Anlassen das Turbinenpumpenaggregat weiter an.

Vom Automotor wird die Leistung durch den Vergaser geregelt, für den Raketenmotor wurde eine gleichbleibende Leistung (Schub) des Triebwerkes gebraucht. Dafür sorgten der Druckregler und der Druckkonstanthalter, der das Mischungsverhältnis zwischen Brennstoff und Oxydator regelte und für eine optimale Verbrennung sorgte. Sie wirkten wie der Vergaser.

Ein wesentlicher Unterschied zum Verbrennungsmotor besteht darin, dass die Rakete nicht nur den Brennstoff, sondern auch den Sauerstoffträger mit sich führt und im Triebwerk eine kontinuierliche Verbrennung abläuft. Die Verbrennungsgase sind die Voraussetzung für den Antrieb durch das Rückstoßprinzip, während sie beim Auto ein Übel sind.

Raketenwaffen werden unterschiedlich klassifiziert, so nach der Art des Treibstoffs, dem Lenkverfahren, der Wirkung im Ziel, ihrer Reichweite, der Einsatzebene, dem Start- und Zielort.

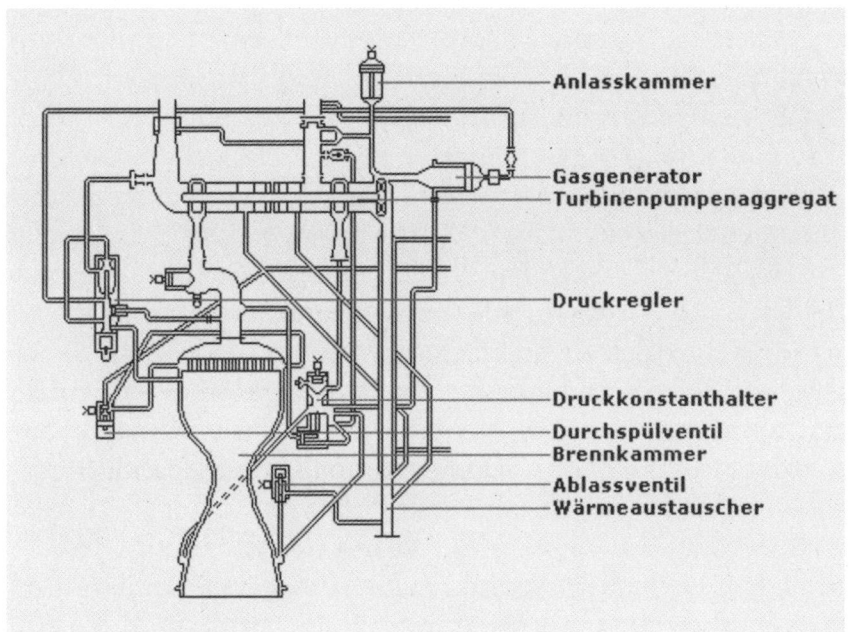

Flüssigkeitstriebwerk 9D21 der Rakete 8K14

Nach dem Lenkverfahren unterteilt man die Raketen grob in ungelenkte und gelenkte Raketen. Die gelenkten Raketen werden in den NATO-Staaten nicht zu den Raketen, sondern zu den Fernlenkflugkörpern gezählt. »Lenkflugkörper hingegen sind – meist – bis zum Auftreffen im Ziel steuerbar.«[3]

Die NVA besaß ballistische Kampfraketen, die sich auf dem aktiven Abschnitt ihrer Flugbahn auf der Basis der Trägheitsnavigation autonom steuerten. Die Kreiselgeräte (Gyroskope) ermittelten die Abweichung von der programmierten Flugbahn und erzeugten an ihren Potentiometern Korrekturspannungen, die über das Lenksystem als Steuerungssignale an die Strahlruder (Luftruder) geleitet wurden. Damit wurde im aktiven Flugbahnabschnitt eine annähernde Bewegung auf der berechneten Flugbahn gewährleistet.

In den Vereinten Streitkräften des Warschauer Vertrages erfolgte die Klassifizierung der Raketen nach der Reichweite in Kurz-, Mittel- und Langstreckenraketen, die NATO unterteilte ihre taktischen Kernwaffen »in Kernwaffen mit Reichweiten bis 100 km

Kreiselvertikant 1SB10 der Rakete 8K14

in SRTNF (*Short-Range Theatre Nuclear Forces*), mit einer Reichweite von 100 bis 1.000 km in MRTNF (*Medium-Range Theatre Nuclear Forces*) und mit Reichweiten über 1.000 km in LRTNF (*Long-Range Theatre Nuclear Forces*)«.[4]

Nach der Einsatzebene wurden die ballistischen Kampfraketen in taktische, operativ-taktische und strategische Raketen eingeteilt. Auf dem westlichen Kriegsschauplatz (Mitteleuropa) erfüllten nach Ansicht der sowjetischen Militärwissenschaft die Division taktische, die Armee operativ-taktische und die Vereinten Streitkräfte des Warschauer Vertrages strategische Aufgaben. Die NVA verfügte über keine strategischen Raketen.

Die Einführung der Raketenwaffe in die Streitkräfte bedeutete eine revolutionäre Neuerung im Militärwesen insbesondere wegen der Verbindung von nuklearen Gefechtsköpfen und Raketenträgermitteln. Neben der potentiellen Vernichtungswirkung waren Reichweite, Zielgenauigkeit, Zeitbedarf und für einen Start benötigtes Personal von Bedeutung. Stetig verbesserte sich die Lagerfähigkeit der Raketentreibstoffe, der Wartungsaufwand für die Feststofftriebwerke verringerte sich, die Tätigkeiten zur Startvorbereitung wurden mehr und mehr teilautomatisiert, was zur Reduzierung des Bedienungspersonal eines Feuerzuges führte.

	A4 (V2)	8K14	9M714 (OKA)
1. erfolgreicher Teststart	1942	1961	1976
max. Reichweite	305 km	300 km	400 km
Startmasse [1]	13,4 t	5,862 t	4,36 t
Länge	14,6 m	11,164 m	7,52 m
Kaliber [2]	1,65 m	0,88 m	0,97m
CEP	4500 m	450 m	150m
Treibstoff	Alkohol Flüssigsauerstoff	Kerosin Salpetersäure	Aluminiumpulver Ammonium-Perchlorat
Zeit Startvorbereitung [3]	110 Minuten	8 bis 40 Minuten	10 bis 30 Minuten
Personal Startvorbereitung	21	11	4

Entwicklung der operativ-taktischen Raketen

CEP = Circular Error Probability (Streukreishalbmesser), Maß der Zielgenauigkeit
1 Gewicht je nach Gefechtskopf
2 maximaler Durchmesser des zylindrischen Teils
3 in Abhängigkeit von der Bereitschaftsstufe

Die Zunahme der Treffgenauigkeit gestattete die Auswahl geringerer Detonationsstärken bei gleicher Wirkung im Ziel.

Um die gegnerische Raketenabwehr auszuschalten, wurden die Raketen mit Abwehrmitteln ausgerüstet.

Das führte, wie bei anderen Waffen auch, zu einem Rüstungswettlauf der militärischen Gegner.

Der Zustand der Raketen wurde mit Bereitschaftsstufen definiert. Das Überführen der Rakete in eine höhere Bereitschaftsstufe umfasste je nach Ausgangslage Entkonservieren, Komplettieren, Betanken mit Treibstoffkomponenten, Montieren von Gefechtsköpfen, Kontrolle der Funktionstüchtigkeit und/oder Beziehen der Startstellungen mit Vorbereitungen zum Start der Rakete.

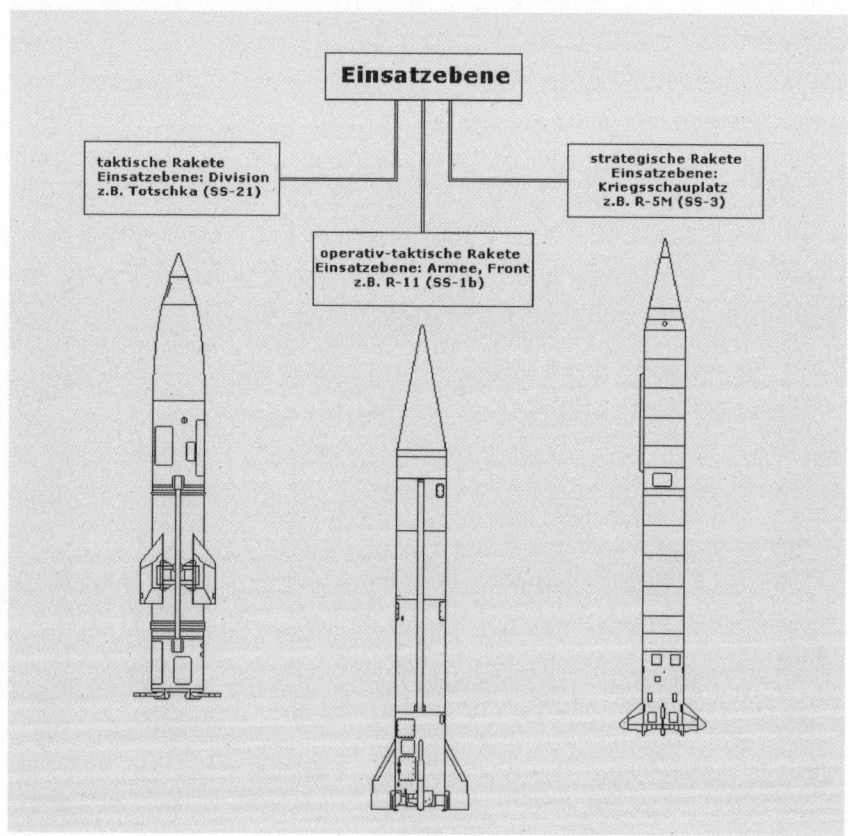

Einsatzebene

taktische Rakete
Einsatzebene: Division
z.B. Totschka (SS-21)

strategische Rakete
Einsatzebene:
Kriegsschauplatz
z.B. R-SM (SS-3)

operativ-taktische Rakete
Einsatzebene: Armee, Front
z.B. R-11 (SS-1b)

Klassifizierung von Raketen nach der Einsatzebene

Die Bodenausrüstung von Raketenkomplexen betraf die »Gesamtheit der speziellen technischen Mittel und Systeme, die zum Bestand der Raketenkomplexe gehören und dem Transport, dem Umladen, der Montage, der technischen Vorbereitung, der Überprüfung, der Aufrechterhaltung der erforderlichen Stufen der Startbereitschaft, dem Richten und dem Start der Raketen dienen«, wie es in der sowjetischen Militärenzyklopädie von 1981 hieß.[5] Zur Bodenausrüstung zählten alle besonderen Ausrüstungen in der Startstellung und in der technischen Stellung.

Die wesentlichste Komponente der Bodenausrüstung war die Startrampe (in der Bundeswehr als Raketenwerfer bezeichnet). Bei den Startrampen in den Landstreitkräften der NVA handelte es

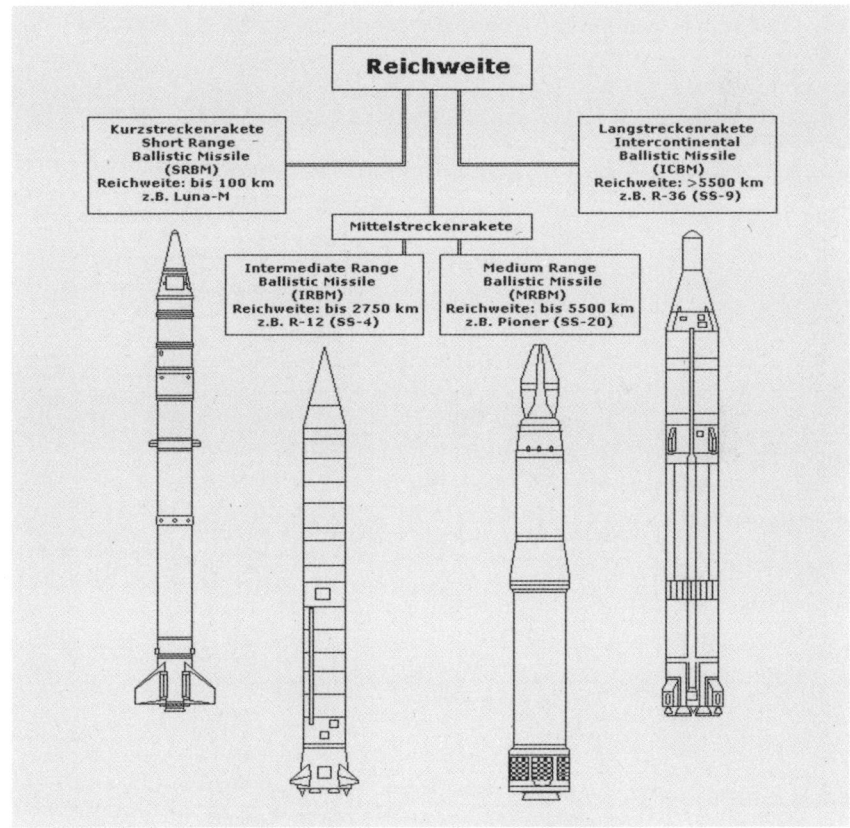

Klassifizierung von Raketen nach der Reichweite

sich ausschließlich um mobile Technik. Sie übernahm die Aufgabe der feldmäßigen Lagerung, des Transports, des Aufrichtens, der Vorstartüberprüfung, der Eingabe der Flugdaten und des Startes der operativ-taktischen oder taktischen Raketen.

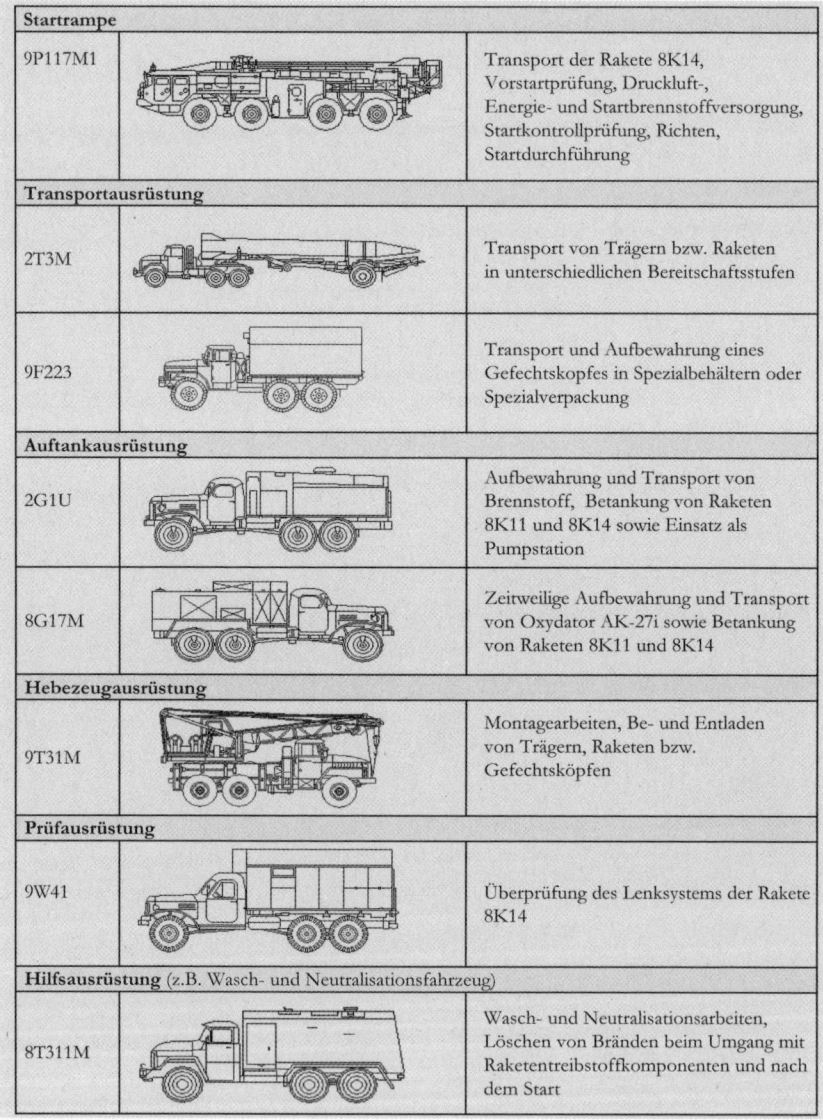

Startrampe		
9P117M1		Transport der Rakete 8K14, Vorstartprüfung, Druckluft-, Energie- und Startbrennstoffversorgung, Startkontrollprüfung, Richten, Startdurchführung
Transportausrüstung		
2T3M		Transport von Trägern bzw. Raketen in unterschiedlichen Bereitschaftsstufen
9F223		Transport und Aufbewahrung eines Gefechtskopfes in Spezialbehältern oder Spezialverpackung
Auftankausrüstung		
2G1U		Aufbewahrung und Transport von Brennstoff, Betankung von Raketen 8K11 und 8K14 sowie Einsatz als Pumpstation
8G17M		Zeitweilige Aufbewahrung und Transport von Oxydator AK-27i sowie Betankung von Raketen 8K11 und 8K14
Hebezeugausrüstung		
9T31M		Montagearbeiten, Be- und Entladen von Trägern, Raketen bzw. Gefechtsköpfen
Prüfausrüstung		
9W41		Überprüfung des Lenksystems der Rakete 8K14
Hilfsausrüstung (z.B. Wasch- und Neutralisationsfahrzeug)		
8T311M		Wasch- und Neutralisationsarbeiten, Löschen von Bränden beim Umgang mit Raketentreibstoffkomponenten und nach dem Start

Teile der Bodenausrüstung des Raketenkomplexes 9K72

Schnittmodell eines Kassettengefechtskopfes 9N123K

Anmerkungen

1 Sowjetische Militärenzyklopädie, Auswahl, Heft 25, Berlin 1983, S. 142
2 Dr. Franz Felberbauer: Waffentechnik I, Band 2, Wien 2007, S. 580
3 Ebenda
4 Wolfgang Weber u. a., Die Streitkräfte der NATO auf dem Territorium der BRD, Berlin 1986, S. 83
5 Sowjetische Militärenzyklopädie, Auswahl, Heft 14, Berlin 1981, S. 92

Einführung ballistischer Kampfraketen in der BRD

Sie erfolgte im Kontext der von den USA in der NATO durchgesetzten Strategie der massiven Vergeltung (*Massive Retaliation*). Begründet wurde sie von US-Außenminister John Foster Dulles am 12. Januar 1954. »Der Weg zur Abschreckung einer Aggression besteht für die freie Welt darin, gewillt und in der Lage zu sein, kraftvoll an Orten und mit Mitteln zurückzuschlagen, die sie selbst gewählt hat.«[1]

Diese Option wurde Mitte Dezember 1956 Bestandteil der NATO-Strategie, die im Dokument MC 14/2 fixiert wurde. Sie setzte auf den Einsatz von Kernwaffen. Die Sowjetunion reagierte darauf mit der Strategie des allumfassenden Angriffs.

Kanzler Konrad Adenauer forderte, nachdem die Bundesrepublik Deutschland dem westlichen Militärpakt beigetreten war, am 4. April 1957 taktische Kernwaffen für die Bundeswehr. Er beschwichtigte die Öffentlichkeit, indem er die Wirkung von Nuklearwaffen verharmloste. »Die taktischen Waffen sind nichts weiter als die Weiterentwicklung der Artillerie. Selbstverständlich können wir nicht darauf verzichten, dass unsere Truppen auch in der normalen Bewaffnung die neueste Entwicklung mitmachen.«[2]

18 Atomwissenschaftler – unter ihnen die Nobelpreisträger Max Born, Otto Hahn, Werner Heisenberg und Max von der Laue – wandten sich daraufhin am 12. April 1957 mit einem Appell an die Öffentlichkeit.[3] Sie lehnten rigoros eine atomare Bewaffnung der Bundeswehr ab.

Friedensnobelpreisträger Dr. Albert Schweitzer warnte über Radio Oslo am 23. April 1957 vor der atomaren Gefahr. Fast 150 Radiostationen in der ganzen Welt übertrugen seine Mahnung. Im Februar 1958 sprachen sich bei einer Umfrage des EMNID-

Instituts Bielefeld 83 Prozent der Befragten *gegen* die Errichtung nuklearer Raketenabschussbasen in der BRD aus.

Vom 21. bis 25. März 1958 debattierte der Bundestag zu außen- und wehrpolitischen Fragen. Anlass waren zwei große Anfragen der CDU/CSU-Fraktion und der FDP-Fraktion, allerdings erforderte die im April geplante Konferenz der NATO sowieso eine vom Parlament abgesegnete Haltung in der Frage nuklearer Bewaffnung. Dr. Adolf Arndt von der SPD sprach aus, worum es bei dieser Bundestagsdebatte ging: »Der nahezu unwiderrufliche Schritt in eigene atomare Ausrüstung der Bundesrepublik und ihrer Bundeswehr, das ist es, worum es sich hier und heute handelt.«[4] Am Ende nahmen 270 Abgeordnete der CDU, CSU, der Deutschen Partei und ein Abgeordneter der FDP eine Entschließung an, die festlegte, die Bundeswehr mit modernsten Waffen, inklusive nuklearen Waffen, auszurüsten.

Die heftigen Proteste der westdeutschen Bevölkerung wurden ignoriert. Mit verfassungsrechtlichen Bedenken schmetterte die Bundesregierung sogar den Versuch von Volksbefragungen über Atomwaffen ab – so den Beschluss der Frankfurter Stadtverordnetenversammlung (10. April 1958) sowie das Hamburger (9. Mai 1958) und das Bremer Gesetz (20. Mai 1958) zu einem Plebiszit über Atomwaffen.

Neben vielen Naturwissenschaftlern äußerten sich auch Philosophen. Erinnert sei an Karl Jaspers »Die Atombombe und die Zukunft des Menschen« oder an Günter Anders' Essay »Atomarer Mord – kein Selbstmord« und »Thesen zum Atomzeitalter« (beide 1959).

Auf dem Boden der Bundesrepublik existierten seit Mitte der 50er Jahre ballistische Raketensysteme der US-Armee. Gemäß Beschluss des Bundestages vom 25. März 1958 wurde die Richtlinie MC 70 des US-Militärausschusses ab April umgesetzt, das Heer erhielt ballistische Raketen vom Typ HONEST JOHN. Sie gingen in den Bestand der Artilleriebataillone 140, 240 und 340 der Korpsartillerie ein. Dazu schrieben später die Militärhistoriker:

Die US-Mittelstreckenrakete HONEST JOHN war seit Ende der 50er Jahre im Bestand der Bundeswehr

»Am 1. September 1963 erteilte der Bundesminister der Verteidigung den Befehl zur Aufstellung des Flugkörpergeschwaders 1 (Luftwaffenaufstellungsbefehl Nr. 253), den der erste Kommodore, Oberstleutnant Frodl, durchzuführen hatte. Keimzelle des neuen Verbandes war die damals in Kaufbeuren stationierte Flugkörpergruppe 11, die schon seit 1958 bestand und die mit einem Vorläufer der späteren CRUISE MISSILES, dem Flugkörper MATADOR, ausgerüstet war.«[5]

Bezeichnung	Standort	Aufstellung	1. Start	Umbenennung/Umunterstellung
AtBtl 140	Nienburg	15:03.1959	04.12.1959	Okt. 1964 in RakArtBtl 12
AtBtl 240	Ingolstadt	01.06.1959	Herbst 1959	15.11.1963 in RakArtBtl 42
AtBtl 340	Gießen	01.09.1959	19.02.1959 *	06.01.1965 in RakArtBtl 52

* 2 Start von Raketen HONEST JOHN in Grafenwöhr durch ArtBtl 422 (Standort Gießen)

Das waren die ersten mit HONEST JOHN ausgerüsteten Artilleriebataillone der Bundeswehr

Auf die Raketenstationierung in der BRD antwortete die Sowjetunion Ende der 50er Jahre mit der Verlegung zweier Raketenbrigaden operativ-taktischer Bestimmung in die DDR. Sowohl die 233. als auch die 77. Ingenieurbrigade verfügten über Raketen vom Typ 8K11.

PGM-11 REDSTONE			
Reichweite	325 km		
TNT-Äquivalent	4 Mt		
Indienststellung	Juni 1958		
USA			
40 Msl Gp	Wackernheim	46 Msl Gp	Neckarsulm
MGM-5 CORPORAL			
Reichweite	130 km		
TNT-Äquivalent	20 kt TNT		
Indienststellung	Ende 1954		
USA			
1/38 FA	Babenhausen	2/81 FA	Erlangen
1/39 FA	Hanau	2/82 FA	Kitzingen
2/40 FA	Zweibrücken	2/84 FA	Gonsenheim
M31 HONEST JOHN			
Reichweite	38 km		
TNT-Äquivalent	40 kt TNT		
Indienststellung	1954		
USA			
1/9 FA	Kitzingen	1/33 FA	Ansbach
2/16 FA	Schwäbisch-Gmünd	1/34 FA	München
3/21 FA	Hanau	1/41 FA	Kitzingen
1/28 FA	Baumholder	2/73 FA	Hanau
1/32 FA	Hanau	3/79 FA	Gießen
Frankreich			
301 GA	Rastatt	302 GA	Rastatt
Belgien			
20. BA	Westhoven	75. BA	Dellbrück
BRD			
ArtBtl 140	Nienburg	ArtBtl 340	Gießen
ArtBtl 240	Ingolstadt		

Raketenformationen der Bundeswehr und anderer NATO-Staaten auf dem Boden der Bundesrepublik Deutschland, Ende 1959

FA = Field Army (Feldarmee, Bataillon der Feldarmee)
Msl Grp = Missile Group (Raketengruppe)
GA = Group d'Artillerie (Artilleriegruppe)
ArtBn = Bataillon d'Artillerie (Artilleriebataillon)
ArtBtl = Artilleriebataillon

Die Aufstellung von Mittelstreckenraketen vom Typ THOR in Großbritannien führte dazu, dass 1959 in der DDR sowjetische Raketen vom Typ R-5M (SS-3) stationiert wurden.

Die Dislozierung sowjetischer und amerikanischer bzw. NATO-Raketen in beiden deutschen Staaten Ende der 50er Jahre

Anmerkungen

1 Keesing's Archiv der Gegenwart 1954, S. 4326f.
2 Archiv der Gegenwart 1957, Bonn Wien Zürich 1957, S. 6370
3 Göttinger Apell in: Archiv der Gegenwart 1957, Bonn Wien Zürich 1957, S. 6385: »Die Pläne einer atomaren Bewaffnung der Bundeswehr erfüllen die unterzeichnenden Atomforscher mit tiefer Sorge. Einige von ihnen haben den zuständigen Bundesministern ihre Bedenken schon vor mehreren Monaten mitgeteilt. Heute ist eine Debatte über diese Frage allgemein geworden. Die Unterzeichnenden fühlen sich daher verpflichtet, öffentlich auf einige Tatsachen hinzuweisen, die alle Fachleute wissen, die aber der Öffentlichkeit noch nicht hinreichend bekannt zu sein scheinen. Erstens: Taktische Atomwaffen haben die zerstörende Wirkung normaler Atombomben. Als taktisch bezeichnet man sie, um auszudrücken, dass sie nicht nur gegen menschliche Siedlungen, sondern auch gegen Truppen im Erdkampf eingesetzt werden sollen. Jede einzelne taktische Atombombe oder -granate hat eine ähnliche Wirkung wie die erste Atombombe, die Hiroshima zerstört hat. Da die taktischen Atomwaffen heute in großer Zahl vorhanden sind, würde ihre zerstörende Wirkung im Ganzen sehr viel größer sein. Als klein bezeichnet man diese Bomben nur im Vergleich zur Wirkung der inzwischen entwickelten ›strategischen‹ Bomben, vor allem der Wasserstoffbomben. Zweitens: Für die Entwicklungsmöglichkeit der lebensausrottenden Wirkung der strategischen Atomwaffen ist keine natürliche Grenze bekannt. Heute kann eine taktische Atombombe eine kleinere Stadt zerstören, eine Wasserstoffbombe aber einen Landstrich von der Größe des Ruhrgebietes zeitweilig unbewohnbar machen. Durch Verbreitung von Radioaktivität könnte man mit Wasserstoffbomben die Bevölkerung der Bundesrepublik wahrscheinlich schon heute ausrotten. Wir kennen keine technische Möglichkeit, große Bevölkerungsmengen vor dieser Gefahr sicher zu schützen. Wir wissen, wie schwer es ist, aus diesen Tatsachen die politischen Konsequenzen zu ziehen. Uns als Nichtpolitikern wird man die Berechtigung dazu abstreiten wollen; unsere Tätigkeit, die der reinen Wissenschaft und ihrer Anwendung gilt und bei der wir viele junge Menschen unserem Gebiet zuführen, belädt uns aber mit einer Verantwortung für die möglichen Folgen dieser Tätigkeit. Deshalb können wir nicht zu allen politischen Fragen schweigen. Wir bekennen uns zur Freiheit, wie sie heute die westliche Welt gegen den Kommunismus vertritt. Wir leugnen nicht, dass die gegenseitige Angst vor den Wasserstoffbomben heute einen wesentlichen Beitrag zur Erhaltung des Friedens in der ganzen Welt und der Freiheit in einem Teil der Welt leistet. Wir halten aber diese Art, den Frieden und die Freiheit zu sichern, auf die Dauer für unzuverlässig, und wir halten die Gefahr im Falle des Versagens für tödlich. Wir fühlen keine Kompetenz, konkrete Vorschläge für die Politik der Großmächte zu machen. Für ein kleines Land wie die Bundesrepublik glauben wir, dass es sich heute noch am besten schützt und den Weltfrieden noch am ehesten fördert, wenn es ausdrücklich und freiwillig auf den Besitz von Atomwaffen jeder Art verzichtet. Jedenfalls wäre keiner der Unterzeichnenden bereit, sich an der Herstellung, der Erprobung oder dem Einsatz von Atomwaffen in irgendeiner Weise zu beteiligen. Gleichzeitig betonen wir, daß es äußerst wichtig ist, die friedliche Verwendung der Atomenergie mit allen Mitteln zu fördern, und wir wollen an dieser Aufgabe wie bisher mitwirken.«
4 Verhandlungen des Deutschen Bundestages, 3. Wahlperiode, Stenographische Berichte Band 40, Bonn 1958, S. 855
5 G. Krader, Flugkörpergeschwader 1, 1963-1991, Landsberg/Lech 1991, S. 52

Die Raketentruppen der NVA in den 70er Jahren

Die Herstellung des militärstrategischen Gleichgewichts durch die Sowjetunion in den 60er Jahren führte zu einem politischen Paradigmenwechsel in der Politik des Westens. Die nunmehr mögliche wechselseitige Vernichtung beförderte die Einsicht, dass ein Krieg selbstmörderisch wäre und darum der Systemkonflikt, der im Osten Klassenkampf hieß, mit politischen, wirtschaftlichen und anderen nichtkriegerischen Mitteln auszutragen sei. Die »friedliche Koexistenz« führte zwar zu einem Abbau der Spannungen zwischen den Blöcken, hob aber den Grundkonflikt nicht auf. So wurde denn trotz Abrüstungs- und Rüstungsbegrenzungsverhandlungen, trotz diverser Konferenzen für Sicherheit und Zusammenarbeit in Europa weiter hochgerüstet. Wie sich zeigte, war das die eigentliche Strategie des ökonomisch potenten Westens: Die Sowjetunion sollte in diesem Rüstungswettlauf totgerüstet werden.

Diese Strategie der USA ging auf.

Auf beiden Seiten wuchs die Zahl der ballistischen Raketen seit den 50er Jahren stetig. Anhand der Entwicklung der Raketentruppen wird deutlich, dass und in welcher Weise die Politik auf die Entwicklung der Raketentruppen Einfluss nahm.

Der Nationale Verteidigungsrat der DDR stimmte der ihm am 27. Juni 1968 vorgelegten Konzeption der perspektivischen Entwicklung der Nationalen Volksarmee im Zeitraum 1971 bis 1980 zu.[1] Der Kampfbestand an operativ-taktischen Startrampen sollte von 12 auf 18, der bei den taktischen Startrampen von 24 (1970) auf 48 im Jahr 1980 erhöht werden.

Diese Zahlen sollten jedoch nicht erreicht werden.

Am 7. Oktober 1969 fand die bis dahin größte Militärparade der DDR unter Beteiligung fast der gesamten Raketentechnik der

Landstreitkräfte der NVA in Berlin statt. Daran waren 20 Start-rampen und 20 Raketentransportfahrzeuge beteiligt.

So auch die I. Raketenabteilung der 5. Raketenbrigade, die seit dem Frühjahr 1969 auf den neuen Raketenkomplex 9K72 – die Räderstartrampe 9P117M (mit Rakete 8K14) – umgestellt worden war. Am 31. Januar 1970 war diese Raketenabteilung gefechtsbereit.

1974 schloss auch die II. Raketenabteilung die Umrüstung auf die Räderstartrampe ab.

Ein wesentlicher Vorteil der Startrampe 9P117M bestand darin, dass die Raketen 8K14 – von der DDR bezahlt – weiter verwendet werden konnten. Und gegenüber der Kettenstartrampe 2P19 war sie mobiler. Bei Verlegungen musste die Rakete nicht erst auf Schwerlastanhänger verladen werden. Die Marschgeschwindigkeit erhöhte sich von 40 auf 60 km/h, der Aktionsradius erweiterte sich von 150 auf 650 km. Damit ergaben sich ganz neue Möglichkeiten für das schnelle Beziehen von Startstellungsräumen.

Militärparade zum 20. Jahrestag der DDR, 1969. Erstmals werden die neuen Startrampen des Raketenkomplexes 9K52 LUNA-M gezeigt

Durch den Wegfall von manuellen Tätigkeiten sowie den Einsatz elektromechanischer und hydraulischer Baugruppen vereinfachte sich die Vorbereitung der Raketen zum Start. Alles ging einher mit der Modernisierung der Bodenausrüstung. So erhielt 1977 die 5. Raketenbrigade mit dem Führungspunkt 9S436 eine elektronische Rechenmaschine und neue Vermessungstechnik.

Jene Konzeption von 1968 sah auch die Aufstellung einer zweiten Raketenbrigade und einer Beweglichen Raketentechnischen Basis (BRTB) vor.

Im Mai 1968 war in Stallberg mit der Aufstellung einer eigenständigen III. Raketenabteilung operativ-taktischer Bestimmung. begonnen worden. Sie sollte die Basis geben für eine Raketenbrigade im Militärbezirk III (Leipzig).

Ab 1. Mai 1968 wurde in der III. Raketenabteilung die 7. Startbatterie aufgestellt, ab 1. November 1968 begann die Aufstellung der 8. Startbatterie und ab 1. Mai 1969 schließlich die der 9. Startbatterie.

Am 14. Oktober 1974 nahm am Standort Tautenhain eine operative Gruppe die Arbeit zur Vorbereitung der 3. Raketenbrigade auf. Bis Mai 1975 bildeten sich aus ihrem Bestand der Brigadestab, der Abteilungsstab und weitere Struktureinheiten.

Im April 1975 verlegte man die III. Raketenabteilung der 5. Raketenbrigade von Stallberg nach Tautenhain. Am 24. Mai 1975 erfolgte offiziell die Aufstellung der 3. RBr und die Umbenennung der III. Raketenabteilung in I. Raketenabteilung.

Erster Brigadekommandeur war Oberstleutnant Armin Hoffmann.

Im September 1976 bestand die Brigade bei der operativ-taktischen Übung MERKUR-76 auf dem sowjetischen Staatspolygon in Kapustin Jar ihre Feuertaufe. Sie erhielt für alle drei Gefechtsstarts die Bewertung Sehr Gut und für die Übung insgesamt die Note Gut.

Oberstleutnant a. D. Kurt Schmidt, seinerzeit in die Umstellungen involviert, erinnert sich: »1978 beendete ich das Studium an der Militärakademie der Artillerie ›M. I. Kalinin‹ in Leningrad als

Diplomingenieur und wurde in die I. Raketenabteilung der 3. Raketenbrigade als Stellvertreter des Kommandeurs für Raketentechnischen Dienst eingesetzt. Als ich dort antrat, hatte ich nur geringe Kenntnisse vom Betrieb in einer Raketentruppe. Vor dem Studium hatte ich als Offizier für Munition in einem Mot.-Schützenregiment gearbeitet und nur ein kurzes Truppenpraktikum in der I. Raketenabteilung der 3. Raketenbrigade absolviert. Die Ausbildung an der Militärakademie, das Truppenpraktikum und die Teilnahme an der operativ-taktischen Übung mit Gefechtsstart JUPITER-78 der 3. Raketenbrigade auf dem Staatspolygon Kapustin Jar mussten genügen.

Unmittelbar nach Übernahme der Funktion hatte ich gemeinsam mit den anderen die Umstrukturierung in der I. Raketenabteilung zu bewältigen. Die Startbatterien wurden mit je zwei Start-

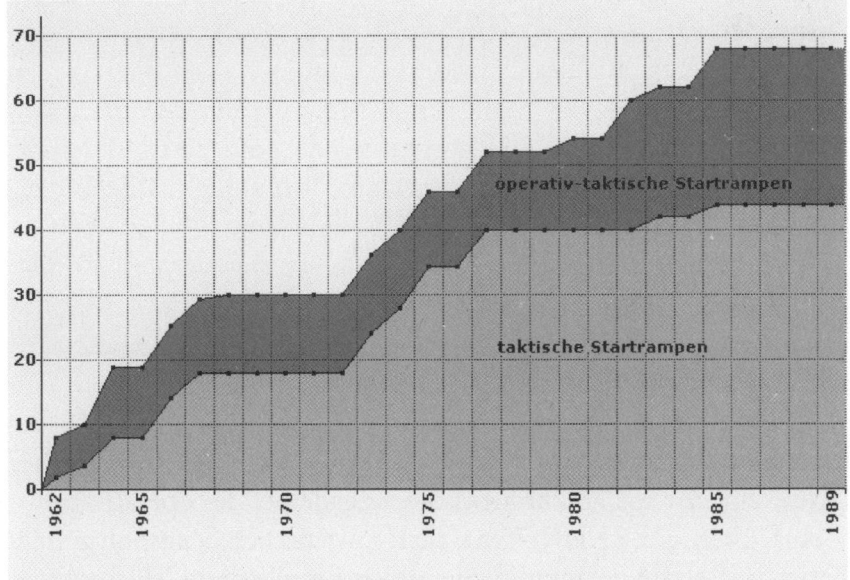

So entwickelte sich die Zahl der taktischen und operrativ-taktischen Startrampen in den Landstreitkräften der NVA von 1962 bis 1989. 1977 beispielsweise befanden sich auf DDR-Territorium 230 ballistische Raketen (davon GSSD 178), in der BRD insgesamt 302 (davon andere NATO-Staaten 162)

rampen aufgerüstet, dabei wurde auch die Startrampe 2P19 gegen die Startrampe 9P117M ausgetauscht. Zu den Startrampen gehörten Vermessungs-, Tank-, Wasch- und Hilfsfahrzeuge. Im Zug für Raketentechnische Sicherstellung erhöhte sich die Anzahl der Hebezeuge, der Raketentransport-, Kompressorfahrzeuge und Lehrtrainingsraketen. Der Bestand an Raketentechnik in einer Startbatterie wuchs also um eine Startrampe 9P117M, ein Vermessungsfahrzeug GAZ-66T und das Wasch- und Neutralisationsfahrzeug 8T311. Im Zug für Raketentechnische Sicherstellung stieg die Anzahl der Kräne 9T31M auf vier, die der Kompressoren UKS-400 auf zwei und die Anzahl der Raketentransportfahrzeuge 2T3 und Lehrtrainingsraketen 8K14U auf vier. Die Stabsbatterie erhielt einen zusätzlichen Führungspunkt 9S436, umgangssprachlich auch als ›Rechenstation‹ bezeichnet.

Im gleichen Zeitraum wurden die Startrampen 2P19 mit ihren Schwerlasttransportfahrzeugen MAZ an die II. Raketenabteilung übergeben. Die Raketenbrigade hatte damit acht Startrampen (4 x 9P117M, 4 x 2P19) und jene Ausrüstung, die zum Raketenkomplex gehörte. In der Raketenbrigade erhöhten sich damit auch die Anzahl der Gefechtsträger 8K14 und die Tankfahrzeuge für Raketentreibstoff entsprechend.

Für die Angehörigen der I. Raketenabteilung war der Wechsel der Technik ein erfreuliches Ereignis, bekamen sie doch fabrikneue Technik, während die II. Raketenabteilung noch einige Zeit mit der alten Startrampe 2P19 handeln musste. Oberstleutnant Wilfried Büttner schlug sich mit diesem Problem herum. Bei der Zulassungsüberprüfung durfte auch bei der alten Technik der Zustand nicht schlechter als Gut sein.

Ob alte oder neue Technik: Es gab viele Probleme, die dem *RTD* (das war der Stellvertreter des Kommandeurs für Raketentechnischen Dienst) Kopfschmerzen bereiteten. Da waren zum Beispiel der nicht erreichte *Iso* (Isolationswiderstand der Elektroausrüstung der Startrampe), *Wasser in der Luft* (Taupunkt der Luft höher minus 60° C), die abgelaufene Prüffrist der Messmittel und/oder fehlende Plomben. Die Note Ungenügend war da sicher, die Zulassungsüberprüfung Zustand Technik nicht bestanden.«

Im gleichen Zeitraum formierte sich die Bewegliche Raketentechnische Basis 3 (BRTB-3), die man 1975 nach Jena verlegte. Im gleichen Jahr zog die BRTB-5 von Drögerheide nach Demen, 1977 folgte ihr die 5. Raketenbrigade von Stallberg nach Demen.

1977 sollte der Raketenkomplex 2K6 LUNA ausgemustert werden. Zehn Jahre zuvor war in den Raketenabteilungen der Divisionen das Vorgängermodell 9K52 LUNA-M eingeführt worden. Im März 1968 startete die erste Rakete 9M21 LUNA-M.

Die Einführung der neuen Generation taktischer Raketen war verbunden mit neuer Bodenausrüstung, so der meteorologischen Funkmessstation RWZ-1 PROBA, dem Führungspunkt 9S445M und dem Vermessungsfahrzeug UAZ-452T.

Gemäß dem im Sommer 1972 vom Nationalen Verteidigungsrat gefassten Beschluss 15/72 wurde das *Kommando Landstreitkräfte* gebildet. Es sollte »die Entwicklung der Landstreitkräfte und ihre allseitige Vorbereitung auf den Gefechtseinsatz führen und die Erziehung und Ausbildung der Kommandeure, Stäbe und Truppen der Landstreitkräfte leiten«.[2]

In diesem Zusammenhang wurden die Planstelle des Chefs der Raketentruppen und Artillerie geschaffen und die Verwaltung der Raketentruppen und Artillerie gebildet. Dem Chef wurde auch die Zentrale Kontrollgruppe der Raketentruppen und Artillerie der Landstreitkräfte unterstellt.

Im Verteidigungsfalle sollten Mobilmachungstruppenteile formiert werden, die auf den Fachrichtungsstäben in den Unteroffiziersschulen der Landstreitkräfte basierten. Aus diesem Grunde wurden die Raketenabteilungen dieser Mobilmachungsdivisionen in der ersten Hälfte der 70er Jahre den Unteroffiziersschulen angegliedert. Die Raketenabteilungen dieser Mobilmachungsdivisionen existierten im vollen Bestand und dienten der Ausbildung von Reservisten.

Am 1. November 1973 gab es neue Dokumente zur Gefechtsausbildung. Neben Dienstvorschriften waren auch neue Normenkataloge, Methoden und Überprüfungsordnungen notwendig. Die Komplexausbildung als neue Form der Gefechtsausbildung wurde eingeführt. Sie sah vor, dass im Verlaufe des Ausbildungshalbjahres die Herstellung der Geschlossenheit der Bedienungen, Batterien, Abteilungen und der Brigade erreicht wurde.

Eine wichtige Vorarbeit dafür stellte die Diplomarbeit von Oberst Hans-Joachim Marschner, einst Kommandeur der 5. Raketenbrigade, und von Willi Schoetzke, ehemals Stabschef der 5. Raketenbrigade, aus dem Jahre 1969 dar: »Die Anwendung von Verfahren der Netzplantechnik zur Planung der politischen und Gefechtsausbildung in der Raketenbrigade.«[3]

Die beiden Offiziere untersuchten darin Möglichkeiten der Modellierung des Ablaufs der politischen und Gefechtsausbildung der wichtigsten Truppenteile und Einheiten der Raketenbrigade durch Verfahren der Netzplantechnik, einschließlich der Planung der Ausbildungs- und Vorbereitungsmaßnahmen für die taktischen (operativ-taktischen) Übungen. Und das unter Berücksichtigung der durch Ausbildungsbasis, Offiziers-Bestand und Übungstermine

Diplomarbeit der Oberste Hans-Joachim Marschner und Willi Schoetzke von 1969. Sie war richtungsweisend für die Komplexausbildung bei den Raketentruppen der Landstreitkräfte der NVA

vorgegebenen einschränkenden Bedingungen.[4] Diese Diplomarbeit war an der Militärakademie »Friedrich Engels« in Dresden entstanden, deren Lehrkräfte auch international hohes Ansehen genossen.

Anfang 1969 wurde an der Offiziersschule der Landstreitkräfte »Ernst Thälmann« in Zittau mit der Vorbereitung der Hochschulausbildung begonnen, die am 1. September 1970 starten sollte. Die Fachrichtung Artillerie und Bewaffnung wurde in die Fachrichtung Raketentruppen und Artillerie umbenannt.

Der neue Lehrstuhl bildete seit dem 1. September 1969 Offiziere für die Raketentruppen aus.

Neben der Qualifizierung an der Offiziershochschule veränderte sich auch die Ausbildung für Unteroffiziere der Raketentruppen. 1972 wurde die Nummerierung der beiden Raketenausbildungsabteilungen korrigiert. Aus der RAA-2 wurde die Raketenausbildungsabteilung 15 (RAA-15) und aus der RAA-12 die Raketenausbildungsabteilung 25 (RAA-25). Diese beiden Raketenausbildungsabteilungen bildeten den Grundstock für das Raketenausbildungszentrum 40 (RAZ-40) in Prora, welches am 1. November 1977 gegründet wurde. Dort wurden neben künf-

Verleihung der Ehrendoktorwürde an Prof. Dr. Dr. Wolff, 1970. Er lehrte an der Akademie »Friedrich Engels«

tigen Unteroffizieren auch Soldatenspezialisten der Raketentruppen ausgebildet.

Am 10. April 1971 um 12.00 Uhr erfolgte der letzte Start einer Rakete 8K11 des Raketenkomplexes R-11M der Landstreitkräfte durch die 9. Startbatterie der 5. RBr unter Batteriechef Oberleutnant Ulrich Schumann. Eine Startrampe 8U218 und ein Raketentransportfahrzeug 8T137 ging nach der Außerdienststellung des Raketenkomplexes R-11M am 28. Januar 1972 an das Armeemuseum in Dresden. Auf der Freifläche neben dem Eingang des Museums waren diese Exponate 18 Jahre lang zu besichtigen. In den Wirren der Wendezeit, im Herbst 1990, wurde die Startrampe aus nicht nachvollziehbaren Gründen veräußert. Sie tauchte schließlich in einer privaten Sammlung von Panzertechnik in Kalifornien wieder auf.

Wie andere Soldaten der NVA wurden auch Angehörige der Raketentruppen in den 70er Jahren zu Einsätzen in der Produk-

Ab ins Armeemuseum 1972 nach Dresden: Startrampe 8U218 mit Hauptmann Peter Brumme, Stellvertreter des Kommandeurs für Raketentechnischen Dienst der III. Raketenabteilung, und dem Vorbereitungskommando, welches das ausgemusterte System übergab

tion oder bei Naturkatastrophen abkommandiert. Im Winter 1978/79 kam es zu extremen Schneefällen und -verwehungen auf der Insel Rügen. Dörfer waren tagelang von der Außenwelt abgeschlossen. Oberstleutnant a. D. Rolf Leicht, damals im Raketenausbildungszentrum Prora auf Rügen (RAZ-40), erinnert sich: »Am 28. Dezember 1978 fielen die Temperaturen innerhalb kürzester Zeit auf minus 25 Grad. Starkes Schneetreiben setzte ein. Nachmittags waren Straßenabschnitte zugeweht, Busverkehr oder Fahrten mit dem Pkw nicht mehr möglich. Die Kommandeure des Mot.-Schützenregiments 29 und des Raketenausbildungszentrums brachten mit Lkw vom Typ URAL Zivilbeschäftigte, Berufssoldaten und Offiziere, die nicht am Standort wohnten, nach Bergen oder Binz. Angehörige anderer Einheiten wurden ebenfalls mitgenommen.

Als die Wetterlage sich am nächsten Tag weiter verschlechterte, wurde im Wehrkreiskommando Rügen ein Katastrophenstab gebildet, er stand unter Leitung von Oberst Smilghum, einem erfahrenen und entschlossen handelnden ehemaligen Kommandeur des Artillerieregiments 16. Der Katastrophenstab koordinierte alle Maßnahmen. Ich wohnte in Bergen und kam nicht mehr zu meiner Dienststelle im RAZ-40 durch. Darum meldete ich mich im Wehrkreiskommando und informierte von dort Oberst Martin, den Kommandeur des Raketenausbildungszentrums.

Er sagte mir, dass bereits unsere Soldaten und Technik im Einsatz seien, die Wege im Standort und auf unserem Gefechtspark passierbar zu machen, um die Einsatzbereitschaft zu sichern. Am 30. Dezember bat der Katastrophenstab die auf Rügen stationierten Truppenteile und Schuleinheiten formell um Hilfe.

Oberst Martin setzte sofort Technik und Soldaten ein, obwohl dazu keine Genehmigung vom Kommando der Landstreitkräfte erteilt worden war. Der Kommandeur der Technische Unteroffiziersschule ›Erich Habersaath‹ in Prora, Generalmajor Dirwelis, zögerte hingegen, weil eben jene Genehmigung nicht vorlag.

Fünf Fahrschulwagen vom Typ 9T29 (Zil 135), ein Lkw URAL mit Soldaten und eine Zugmaschine der Startrampe 2P19,

MAZ 543, schlugen sich durch bis zum Bahndamm der Strecke Binz-Lietzow-Bergen. Da alle Fahrzeuge mit Reifenregeldruckanlagen ausgestattet waren, stellten die meterhohen Schneewehen kein Hindernis dar. Auf dem Bahndamm ging es dann weiter nach Lietzow. Zwischenzeitlich versuchten Soldaten des MSR 29 mit einer Lok von Prora nach Lietzow zu kommen.

Die Fahrzeuge des RAZ-40 wurden zur Versorgung der Lebensmittel-Betriebe in Bergen eingesetzt und belieferten auch die Geschäfte mit Milch, Fleisch und anderen Grundnahrungsmitteln.

Schließlich kam die Genehmigung vom Kommando Landstreitkräfte zum Einsatz von Soldaten und Technik. Das MSR 29 verlud Soldaten und Lkw auf die Bahn. Das Entladen in Lietzow erwies sich als unmöglich, da es keine Entladerampe gab. Unter Leitung von Oberleutnant Lahn errichteten die NVA-Soldaten gemeinsam mit Eisenbahnern aus Bahnschwellen und Bauklammern eilig eine provisorische Rampe. Auch diese Fahrzeuge wurden in Bergen zur Versorgung der Bevölkerung und der Betriebe eingesetzt.

Die Soldaten des MSR und anderer Einheiten scheiterten bei dem Versuch, einen steckengebliebenen Zug freizuschaufeln. Um die Reisenden aus ihrer misslichen Lage zu befreien, mussten die gefrorenen Verwehungen gesprengt werden. Es wurde Sprengstoff aus Prora besorgt, so dass der Zug freikam und seinen Weg nach Bergen fortsetzen konnte. Der Katastrophenstab hatte bereits Notunterkünfte in den Schulen von Bergen eingerichtet.

Großen Einsatz zeigten auch die Soldaten des Fallschirmjägerbataillons ›Willi Sänger‹. Auf Skiern brachten die Fallschirmjäger Lebensmittel und Medikamente in die Dörfer. Selbst Hefe für den Bäcker hatten sie im Rucksack.

In der Milchviehanlage in Sagard liefen die Tanks über. Das RAZ-40 wurde gebeten, die Milch abzuholen. Oberst Martin schickte Hauptmann Weichert mit einem 9T29 (ZIL 135) nach Sagard, um sich vor Ort kundig zu machen. Danach wurde entschieden, von zwei Transportfahrzeugen 9T29 die Raketenträger zu demontieren und darauf Milchtanks zu setzen. Der Instandsetzungszug unter Kommando vom Hauptmann Weichert baute über

Nacht die Fahrzeuge um. Am nächsten Tag wurde die Milch in die Molkerei nach Bergen gebracht.

Bergepanzer vom Typ T 55 TK und andere Technik der Technischen Unteroffiziersschule (TUS) wurden ebenfalls eingesetzt. Die TUS besaß zwei sowjetische Schneefräsen, aber eine war defekt und es fehlten Ersatzteile, die zweite fiel nach kurzer Zeit aus. Schließlich wurde mit Bergepanzern die Straße von Prora bis Karow freigeschoben. In Karow fuhr sich jedoch ein Panzer fest. Die Bergepanzer blieben im Straßengraben liegen.

Angehörige der Volksmarine aus Tilzow und Dranske arbeiteten vor allem auf der B 96. Die Matrosen von Tilzow beseitigten in der Kurve Rampin-Rügendamm Verwehungen bis zu vier Metern Höhe. Auch die Volksmarine setzte Fahrzeuge vom Typ KRAZ zum Personen- und Lebensmitteltransport ein.

Unter Einsatz ihres Lebens wurden von Piloten der Volksmarine Rettungsflüge mit Hubschraubern absolviert. Ein Schwimmpanzerfahrer des Standortes der Volksmarine Dranske überquerte den Strelasund und holte Medikamente für die Krankenhäuser auf Rügen. Die sowjetischen Soldaten der Baltischen Flotte, stationiert in Sassnitz, versorgten die Bevölkerung mit Brot aus ihrer Feldbäckerei und halfen, Straßen und Gehwege passierbar zu machen.

Auch wurden Zivilfahrzeuge mit Armeeangehörigen besetzt. So übernahm ein Panzerfahrer des RAZ-40, ein Unteroffizier, die einzige Planierraupe des Straßenbauamtes Rügen.

Die Solidarität der Rüganer war hervorragend. Gastwirte versorgten Soldaten und andere Helfer gratis mit Speisen und Getränken, ebenso hielten es viele Einwohner der Gemeinden und Städte. Es war ein gut organisiertes, solidarisches Zusammenwirken, mit dem die Naturkatastrophe gemeinsam gemeistert wurde.«

Anmerkungen

1 BA/MA, DVW 1/39489, 32. Sitzung des NVR am 27. Juni 1968
2 BA/MA, DVW 1/39498-39498a, 41. Sitzung des NVR am 14. Juli 1972
3 Militärakademie »Friedrich Engels«, VVS-Nr.: B 100 270, Bl. 2, 1969
4 Militärakademie »Friedrich Engels«, VVS-Nr.: B 100 270, Bl. 2, 1969

Raketentruppen und Kernwaffen

Die Atombombe wurde in der Antihitlerkoalition entwickelt, um den Bestrebungen des Nazireiches, eine solche »Wunderwaffe« zu entwickeln – immerhin war die Kernspaltung von Uran 1938 in Berlin entdeckt worden –, zuvorzukommen. Das Ende des Krieges in Europa kam schneller als die Fertigstellung der A-Bombe in den USA. Zwischenzeitlich befanden zudem die westlichen Alliierten, dass sie das »falsche Schwein« geschlachtet hatten (Churchill). Die antikommunistische Grundhaltung gewann wieder die Oberhand.

Der britische Premierminister Winston Churchill erteilte im Mai 1945 den Auftrag zur Ausarbeitung eines Kriegsplans, der die militärische Unterwerfung der Sowjetunion durch Großbritannien und die USA zum Ziel haben sollte. Zwei Wochen nach dem Sieg der Antihitlerkoalition über Nazideutschland wurde ihm dieser Plan (»Operation Unthinkable«) übergeben und danach noch zweimal ergänzt. Als Termin für den Angriff auf die Sowjetunion wurde der 1. Juli 1945 festgelegt. Aufgrund der hohen zahlenmäßigen Überlegenheit der Roten Armee beabsichtigte man die Wiederbewaffnung von ca. 100.000 Soldaten der Wehrmacht. Weil der Plan als militärisch und auch politisch nicht durchführbar angesehen wurde, ließ man ihn fallen. Der als streng geheim eingestufte Kriegsplan sollte erst 1998 der Öffentlichkeit bekannt werden.

Aufgrund der aufbrechenden Konfrontation und des Zerfalls der Antihitlerkoalition nach Erreichung des gemeinsamen Zieles – der Beseitigung der Nazidiktatur – wollten die USA dem einstigen Verbündeten den »atomaren Knüppel« zeigen. Die Entscheidung, die beiden vorhandenen A-Bomben in Japan einzusetzen, erfolgte nicht zufällig am Rande der Potsdamer Konferenz. US-Präsident Truman wollte der Sowjetunion militärische Überlegenheit demonstrieren und damit Einfluss auf die Nachkriegszeit nehmen. Denn militärisch war die Vernichtung von Hiroshima und Nagasaki überflüssig, Japan hatte längst seine Bereitschaft zur Kapitulation signalisiert. Im Grunde waren die beiden Atombombenabwürfe Kriegsverbrechen.

Das Atombombenmonopol der USA wurde durch deutsche Kundschafter beendet. Namentlich Klaus Fuchs, in Los Alamos maßgeblich beteiligt an der Entwicklung der Plutoniumbombe »Fat Man« (die am 9. August über Nagasaki abgeworfen wurde), lieferte die Baupläne an die Sowjetunion. Er handelte als Kommunist in der Überzeugung, dass es dem Frieden nützte, wenn beide Seiten diese schreckliche Waffe besäßen. Am 29. August 1949 erfolgte der erste sowjetische Atombombentest. Damit endete das Monopol der USA. Zwar hatte die Sowjetunion bereits 1942 die Kernforschung unter Kurtschatow wieder aufgenommen, doch es fehlte an Knowhow, an Personal und an Uranvorkommen. Wissen und Wissenschaftler besorgte der Auslands-

1949, vier Jahre nach Hiroshima und Nagasaki, endete das Atombombenmonopol der USA, die Sowjetunion testete ihre erste Bombe

nachrichtendienst (viele deutsche Forscher – von Ardenne bis Steenbeck – »gingen« 1945 in die Sowjetunion), und Uranerz fand man in der Sowjetischen Besatzungszone. 1950 lieferte die DDR 1.224 Tonnen Uran – dreimal mehr, als in der ganzen Sowjetunion gefördert wurde.

Danach entwickelte die Sowjetunion die Wasserstoffbombe, die 1953 erstmals erfolgreich getestet wurde. Und alsbald konzentrierte man sich darauf, Atomsprengköpfe auf neu entwickelte Interkontinentalraketen zu montieren. Der Start von Sputnik 1 im Jahr 1957 löste in den USA einen Schock aus, hatte doch damit die Sowjetunion demonstriert, dass sie aus dem Orbit jeden Punkt auf der Erde auch ohne Flugzeuge erreichen konnte.

Noch während an der ersten Generation von Interkontinentalraketen gearbeitet wurde, begannen in den USA und der Sowjetunion im Zeichen des Wettrüstens Überlegungen für eine zweite Generation. Diese sollte lagerfähige Treibstoffe besitzen, die dauerhaft in der Rakete belassen werden konnten. Langwierige Betankungen vor dem Start wie bisher sollten entfallen. Diese Raketen sollten außerdem im Silo gezündet werden können, was eine erhebliche Senkung der Reaktionszeit versprach. In den USA machte man sich an die Entwicklung der Titan II mit flüssigem lagerfähigen Treibstoff und der feststoffgetriebenen Minuteman. In der Sowjetunion arbeitete man an der R-9 und R-16. Die R-9 hatte zwar wie ihr Vorgänger Sauerstoff und Kerosin als Treibstoffkombination, dafür aber stark verbesserte Eigenschaften im Vergleich zur R-7. Sie wurde ab 1965 stationiert. Die R-16 verwendete flüssige, lagerfähige Treibstoffe und wurde Ende 1963 in Dienst gestellt. Titan II und Minuteman kamen in den USA ab 1963 in die Silos. Die USA verfügten 1967 über 1054 atomar bestückte Interkontinentalraketen, in der Sowjetunion werden es mindestens ebenso viele gewesen sein.

Die Entwicklung der Kernwaffen führte zu erheblichen Änderungen in der militärischen Praxis und im militärischen Denken. Die Wirkung dieser Massenvernichtungswaffen beruht auf der detonationsartig verlaufenden Kernumwandlung. Die Druckwelle war in der Regel der entscheidende Vernichtungsfaktor. Weitere Wirkfaktoren waren der Lichtblitz, die Hitze sowie die Sofort- und Restkernstrahlung. Die Sofortkernstrahlung bedeutete einen Strom von Gammaquanten und Neutronen, der sich etwa eine Minute lang nach allen Seiten ausbreitete, die Restkernstrahlung bestand aus Spaltprodukten der Kernwaffe wie auch aus nicht gespaltenen Einheiten. In militärischer Hinsicht spielte noch der elektromagnetische Impuls eine wichtige Rolle: Er störte massiv die empfindlichen elektronischen Bauteile in den Waffensystemen und anderen Einrichtung. Zunehmend wurde auf dieses Moment gesetzt, weshalb man etwa die Neutronenwaffe entwickelte. Diese tötete Lebewesen durch Strahlung, ließ aber Gebäude ganz.

Hiroshima und Nagasaki hatten die verheerenden Wirkungen von Kernwaffendetonationen gezeigt. Dennoch hielten Nuklearwaffen in unterschiedlicher Form Einzug in die Planungen der Militärs auf beiden Seiten.

In vielen deutschsprachigen Publikationen zur Kriegseinsatzplanung des Warschauer Vertrages und des sowjetischen Generalstabes für den westlichen Kriegsschauplatz dominieren in der Regel allgemeine Aussagen, die auf Indizien beruhen und oft spekulativ sind. Konkrete Belege, welche die reale Einsatzplanung für den ange-

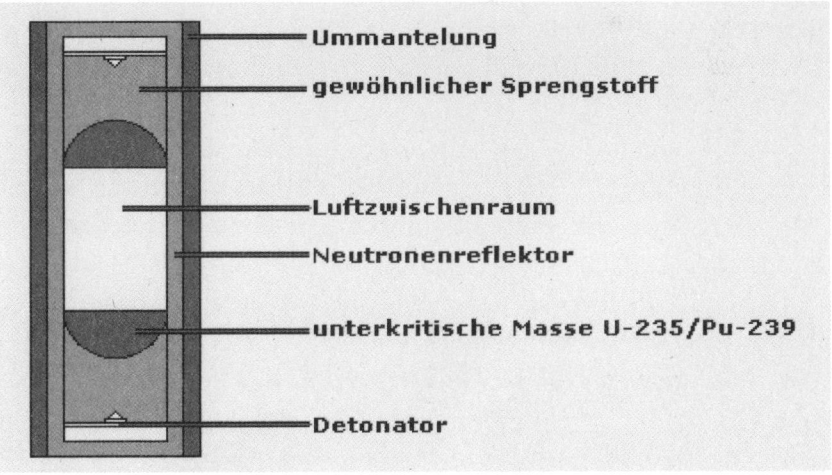

Prinzipskizze des Aufbaus einer Kernwaffe vom Hiroshimatyp

nommenen Kriegsfall abbilden (etwa in Form von Befehlen etc.) fehlen weitgehend.

Dennoch lässt die Dislozierung der Truppen des Warschauer Vertrages auf dem Staatsgebiet der DDR Rückschlüsse zu auf die reale Planung für den Kriegsfall. Gerade weil sich der Warschauer Vertrag mit dem ersten Kriegstag die strategische Initiative sichern wollte, ist davon auszugehen, dass die Verbände und Armeen sowohl der GSSD als auch der NVA schon im Frieden dort standen, wo sie im Kriegsfall auch hätten eingesetzt werden sollen.

Dass dabei sowohl strategische Angriffs- und Verteidigungsoperationen zur Abwehr einer Aggression als auch präventive Schläge zur Vereitelung eines NATO-Angriffs in Betracht gezogen wurden, ergibt sich aus der Logik militärischen Denkens. Führende NVA-Offiziere, die das Zusammenwirken der ostdeutschen Armeen und Verbände mit der GSSD zu planen und zu organisieren hatten, gingen generell davon aus, dass die Truppen der GSSD, die im Kriegsfall gemeinsam mit der NVA die 1. Front/Westfront des östlichen Militärbündnisses gebildet hätten, den ersten Schlag der NATO-Streitkräfte abfangen und nach Heranführung der zweiten operativen Staffel aus Polen und den westlichen Gebieten der UdSSR zur Gegenoffensive antreten sollten.

Das Staatsgebiet der DDR und das der Bundesrepublik wären unmittelbar nach Kriegsbeginn Schlachtfeld geworden – unabhängig davon, ob im Kriegsfall defensive oder offensive Konzepte des Truppeneinsatzes dominiert hätten.

NVA-General a. D. Dr. Johannes Oreschko schildert in seinen Lebenserinnerungen – erschienen 2011 in der edition ost – eine Manöverepisode, die belegt, dass sowjetische Strategen zumindest in der Anfangsphase eines möglichen Krieges das Territorium ihres ostdeutschen Juniorpartners aufzugeben bereit waren.

»Unter Leitung des Oberkommandos des Warschauer Paktes fand 1969 unter der Bezeichnung ›Oder/Neiße‹ eine große gemeinsame Übung der Vereinten Streitkräfte statt. Inhalt war die Verteidigung der sozialistischen Staaten gegen eine Aggression der NATO an Oder und Neiße. Nach erfolgreicher Durchführung der Übung fragte der Staatsratsvorsitzende Walter Ulbricht den Minister für Nationale Verteidigung, Heinz Hoffmann, laut Aussage eines anwesenden Generals: ›Na, habt ihr die DDR auch standhaft an der Oder verteidigt?‹

Diese Frage beleuchtete die gesamte Problematik eines möglichen Kriegsgeschehens in Mitteleuropa. Man könnte darüber streiten, ob die Übung von sowjetischer Seite politisch klug angelegt war, da sie von einer zumindest teilweisen beziehungsweise zeitweiligen Besetzung der DDR durch die NATO ausging, was durchaus real war. Aber die Tragweite eines derartigen Szenariums war natürlich katastrophal.«

Mit der Gegenoffensive des Warschauer Vertrages wäre schließlich auch das Gebiet der Bundesrepublik Deutschland Kriegsschauplatz geworden. Für die NATO-Militärführung galt das westdeutsche Territorium als potenzielle Kampfzone, und zwar in einer Tiefe von etwa 300 Kilometern, wo das NATO-Kommando Ostseeausgänge sowie die Armeegruppen Nord und Mitte mit 25 Divisionen und 2.000 Kampfflugzeugen entfaltet waren.

Die Militärdoktrinen und Kriegsszenarien der Militärblöcke und ihrer jeweiligen Führungsmächte verhielten sich komplementär. Die Rolle der GSSD, der NVA, der polnischen und der tschechoslowakischen Armee in einem möglichen Krieg zwischen den Machtblöcken auf deutschem Boden erschließt sich nur, wenn die Militärdoktrin der UdSSR und die ihr zugrunde liegenden geostrategischen Interessen, die Wahrnehmung des potenziellen Kriegsgegners und die daraus abgeleiteten Kriegsszenarien in ihrer Veränderung berücksichtigt werden.

Die staatliche, politische und militärische Führung der DDR ging darum von folgenden Prämissen aus:

»1. Das Territorium der Deutschen Demokratischen Republik ist im Falle eines Krieges Bereitstellungs-, allgemeiner Entfaltungs- und Ausgangsraum sowie Hauptdurchgangsrichtung für die Hauptgruppierungen der Vereinten Streitkräfte in der strategischen Hauptrichtung des Westeuropäischen Kriegsschauplatzes. Das hat zur Folge, dass auf dem Territorium der Deutschen

Demokratischen Republik schnelle und umfangreiche Truppen-, Nach- und Abschubbewegungen der Vereinten Streitkräfte sichergestellt werden müssen.

2. Die Deutsche Demokratische Republik würde mit Beginn einer imperialistischen Aggression unverzüglich in ihrer Gesamtheit vom Kriegsgeschehen erfasst, also zum Kampfgebiet werden.

3. Infolge der geographischen Bedingungen würde die Deutsche Demokratische Republik in einem möglichen Kriege außerordentlichen Gefahren ausgesetzt werden, wobei der Grad ihrer Belastung weitgehend von der realen Einschätzung der unmittelbaren Aggressionsabsichten und dem Vermögen abhängen wird, einen dem Gegner zuvorkommenden Schlag zu führen und sofort die Initiative zu ergreifen.

Durch massierte Feindeinwirkungen, vor allem durch Kernwaffenschläge ist auf dem gesamten Territorium der Deutschen Demokratischen Republik mit der Bildung großer Vernichtungszonen, aktivierter, vergifteter und verseuchter Gebiete sowie großflächigen Bränden (insbesondere in Waldgebieten) zu rechnen.

4. Es muss angenommen werden, dass

a) hohe personelle und materielle Verluste sowohl bei den Streitkräften als auch in der Volkswirtschaft und unter der Bevölkerung eintreten, was einen Massenanfall von Geschädigten und Obdachlosen zur Folge hätte;

b) gebietsweise eine zeitweilige Unterbrechung bestehender zentraler Führungs- und Verbindungssysteme eintreten kann;

c) eine starke bis völlige Zerstörung einer großen Anzahl von Industrieanlagen sowie Einrichtungen des Verkehrswesens, Fernmeldewesens und des Gesundheitswesens erfolgen kann;

d) für einen längeren Zeitraum durch die Zerstörung der Energieversorgungs- und Verbundsysteme die zentrale Energieversorgung sowie infolge der Zerstörung von Lagern, der Vernichtung von Rohstoffen und Viehbeständen und der Unterbrechung der Transportwege das zentrale Versorgungssystem der Bevölkerung und der Volkswirtschaft vorübergehend funktionsunfähig wird;

e) ernsthafte Störungen in der Produktion eintreten;

f) wertvolle Kulturgüter aller Art vernichtet werden;

g) infolge all dieser Umstände Paniken und andere psychologisch abnorme Verhaltensweisen der Bevölkerung auftreten können.

5. Daraus ergibt sich, dass alle Einrichtungen der Landesverteidigung, der Volkswirtschaft, der Kultur sowie die Bevölkerung auf dem Territorium der Deutschen Demokratischen Republik im Falle eines Krieges unmittelbar von den Ein- bzw. Auswirkungen des Krieges erfasst werden und daher aktiv in die Verteidigungsmaßnahmen der Deutschen Demokratischen Republik einbezogen werden müssen. Mit Ausbruch eines Krieges werden somit hohe Anforderungen an die Lebens- und Funktionsfähigkeit der staatlichen, volkswirtschaftlichen und sonstigen gesellschaftlichen Organisationen und Einrichtungen gestellt.«[1]

Angesichts eines solchen apokalyptischen Szenarios gibt es viele Fragen, auch diese: Verfügte auch die NVA über nukleare Trägermittel? Wer hätte den Befehl zum Einsatz gegeben? Wo wurden nukleare Gefechtsköpfe gelagert? Was und wofür übten die Angehörigen der Raketentruppen der Nationalen Volksarmee?

Klare Antwort: Die NVA verfügte über keine Atomwaffen, wohl aber über nukleare Trägermittel, in erster Linie Kurzstreckenraketen. Daneben gab es Jagdbomber, die dafür eingesetzt werden konnten. Die DDR-Piloten erhielten jedoch keine Ausbildung im Atombombenabwurf. Dennoch ist davon auszugehen, dass die NVA im Kriegsfalle beim Einsatz des nuklearen Potenzials der Sowjetunion hinzugezogen worden wäre.

Für die Warschauer Vertragsorganisation wurden alle maßgeblichen Entscheidungen über die sowjetischen Kernwaffen zwar vom jeweiligen Partei- und Staatschef getroffen, der aber stützte sich auf den Generalstab der sowjetischen Streitkräfte, und dessen oberster Chef war der Erste Sekretär des ZK der KPdSU.

Die sowjetische Seite verfügte mit der 12. Hauptverwaltung im Verteidigungsministerium über Erlaubnis, Personal und Technik, um Kernwaffen zu lagern, zu testen und einzusetzen.

In den NATO-Staaten lief das anders. »Alle Fragen des Kernwaffeneinsatzes werden im 1966 gebildeten Ausschuss für Nukleare Verteidigungsangelegenheiten (*Nuclear Defence Affairs Committee, NDAC*) und von der Nuklearen Planungsgruppe (*Nuclear Planning Group, NPG*) erörtert, denen 12 Mitglieder angehören. – Dem NDAC und der NPG gehören Frankreich, Luxemburg, Island und Portugal nicht an.«[2]

Sowjetische Offziere kontrollierten bis in die Startstellungen der Raketenbrigaden und -abteilungen der Landstreitkräfte der NVA. Nur sie verfügten über die notwendigen Kenntnisse und die technischen Einrichtungen, um die Einsatzbereitschaft von nuklearen Gefechtsköpfen herzustellen. Das galt folgerichtig auch für die Codes, mit denen die Blockierungseinrichtungen zur Verhinderung unerlaubter Starts von Raketen mit Kerngefechtsköpfen entsichert werden konnten. Diese Blockierungseinrichtungen gehörten in den Startrampen der Raketenkomplexe 9K714 OKA und 9K79 TOTSCHKA zur Grundausstattung ab Werk. Die Startrampen der Raketenkomplexe 9K72 und 9K52 LUNA-M sollten ab 1988 mit derartigen Blockierungseinrichtungen nachgerüstet werden, wozu es aber nicht mehr kam.

Bei Übungen wurden für die Raketenkomplexe der NVA folgende Sprengkraft in Kilotonnen (kt) Trinitrotoluol (TNT) für nukleare Gefechtsköpfe angenommen:

Rakete	Kaliber	nuklearer Sprengkraft (TNT)
3R10 LUNA	540 mm	3, 10, 20 kt
8K11	880 mm	10, 20, 40 kt
8K14	880 mm	20, 40, 100 kt

TNT-Äquivalent von Gefechtsköpfen [3]

In den Raketentruppen der NVA wurde der Einsatz dieser Waffensysteme geübt. Im Mittelpunkt standen technische und Feueraufgaben sowie taktische Handlungen zur Vorbereitung und Durchführung von Raketenstarts im Rahmen des angenommenen ersten massierten Kernwaffenschlages der Front. Die Aufgabe der Raketentruppen der Landstreitkräfte sollte im Wesentlichen darin bestehen, a) zu einem bestimmten Zeitpunkt mit allen Startrampen je eine Rakete mit Kerngefechtskopf auf die vom Frontstab geplanten Ziele zu starten, b) während des nachfolgenden Schlages der Fliegerkräfte und einer Phase der Nachaufklärung die Stellung zu wechseln, c) in der Nähe der neuen Startstellungen weitere Raketen mit Kerngefechtsköpfen zu übernehmen und d) mit mindestens 50 Prozent der Startrampen einen zweiten Start durchzuführen.

In einem Dokument aus dem Jahre 1972 hieß es dazu: »Der erste Kernwaffenschlag der Front ist abgestimmt mit dem Kernwaffenschlag der strategischen Raketentruppen und Fernfliegerkräfte und muss als Bestandteil dieser Schläge angesehen werden. Die Raketentruppen der Armee (Raketenbrigade, Raketenabteilungen der Division der 1. Staffel) nehmen entsprechend des Planes der Front am ersten Kernwaffenschlag der Front teil.«[4]

Weiter hieß es: »Das Ziel des ersten Kernwaffenschlages der Front besteht in der Vernichtung der im Angriffsstreifen aufgeklärten Kernwaffeneinsatzmittel des Gegners und seiner Reserven an Kernmunition, der Bekämpfung der Hauptgruppierung des Gegners, der Desorganisation der Führung der Truppen, im Verhindern gegnerischer Kernwaffenschläge auf die eigenen Truppen und in der Schaffung solcher Bedingungen, welche die endgültige Zerschlagung des Gegners durch die angreifenden Truppen gewährleistet.«[5]

Die Überlegungen zum ersten Kernwaffenschlag der Front stellten eine Reaktion auf die NATO-Strategie der flexiblen Reaktion dar. »Der Kernwaffenkrieg, die wahrscheinlichste Variante einer militärischen Auseinandersetzung zwischen der sozialistischen Militärkoalition und der NATO auf dem zentraleuropäischen Kriegsschauplatz, kann, abhängig vom Umfang des Einsatzes von Kernwaffen, in vier Perioden eingeteilt werden:

1. die Periode ohne Einsatz von Kernwaffen;
2. die Periode des begrenzten Einsatzes von Kernwaffen;

3. die Periode des umfassenden Einsatzes von Kernwaffen;
4. die abschließende Periode.

In der Periode des begrenzten Einsatzes von Kernwaffen können sowohl taktische als auch operativ-taktische Kernwaffen aufeinanderfolgend oder gleichzeitig zum Einsatz gelangen.«[6]

1967 übten die 176. Raketenbrigade der 7. allgemeinen Armee des Transkaukasischen Militärbezirks die Massierung von Raketenstarts, wie Anatoli I. Gribkow in seinen Erinnerungen berichtet. »Im Jahre 1967 beschloss das Verteidigungsministerium, zum ersten Mal eine Übung einer Raketenbrigade durchzuführen, bei der drei Raketen gleichzeitig gestartet werden sollten.«[7]

Die Raketentruppen der NVA sammelten erste Erfahrungen zu massierten Schlägen während der Übungen URANUS-68 (10. bis 21. Mai 1968) und PLUTO-69 (15. bis 24. September 1969). Bei einer Schulung der Gruppe des Chefs der Raketentruppen und Artillerie vom 20. April 1972 wurden diese Erfahrungen verallgemeinert. Mehr jedoch erfuhr man in der DDR nicht. Erst

Gefechtskopfmontage auf der Startrampe 9P117M

nach deren Ende wurde bekannt, *wo* die Sowjetarmee auf dem ostdeutschen Territorium ihre Nuklearsprengköpfe lagerte, die im Ernstfall auch von NVA-Raketentruppen hätten verschossen werden sollen. Die meisten Details zu den Nuklearlagern jedoch liegen unverändert im Dunkeln.

Dr. Volker Eckart recherchierte nach der »Wende« zu diesem Thema und publizierte dazu auch einiges. »Für die Kernwaffenträger der Landstreitkräfte der Nationale Volksarmee existierten zwei zentrale Lager für nukleare Gefechtsköpfe. Beide Lager, 1967/68 auf Vorschlag sowjetischer Experten von der DDR gebaut, unterstanden den sowjetischen Truppen in Deutschland. Sie befanden sich in der Region Stolzenhain/Linda zwischen Jüterbog und Herzberg (vorgesehen für die 3. Armee der NVA) und zwischen Lychen und Bredereiche (vorgesehen für die 5. Armee der NVA) in der Nähe von Fürstenberg.

Die Vorlagen kamen von sowjetischen Bauprojekten, die vom Planungsbüro SÜD in Dresden den DDR-Standards angepasst wurden. Beide Objekte hatten darum den gleichen Aufbau: Wohnbereich für die Familien, Stabs- und Kasernenbereich, Parkzone, technische Zone und Bunkerzone mit zwei identischen Bunkern zum Lagern der Gefechtsköpfe oder anderer Atommunition.

Nach Beendigung der Bauphase (Kosten 20 Millionen Mark für beide Objekte ohne Bunkerzone) erfolgte die Übergabe an die sowjetischen Truppen. Danach durfte kein Deutscher mehr die Bunkerzone betreten. Die weiteren Arbeiten führten sowjetische Militärangehörige aus. Die eingebaute sowjetische Spezialtechnik blieb also geheim. Ebenso, *was* in den Bunkern lagerte.

So blieb es bis zum Jahr 1990. Am 21. September 1990 unterzeichneten der Verteidigungsminister der UdSSR, Jasow, und der Minister für Abrüstung und Verteidigung der Deutschen Demokratischen Republik, Eppelmann, das Protokoll zur Übernahme/ Übergabe der beiden zentralen Gefechtskopflager an die Deutsche Demokratische Republik. Der Termin der Übergabe verzögerte sich jedoch bis in die Januartage 1991. Danach gingen beide Objekte in den Besitz der BRD über. Die Liegenschaften waren beräumt und entmilitarisiert, die spezielle Technik war ausgebaut worden. Es gab keine Spuren, aus denen Rückschlüsse gezogen werden konnten, welche Arbeiten in beiden Bunkeranlagen einst durchgeführt wurden. Die im Jahre 1968 eingebaute DDR-Technik existierte noch und funktionierte, beide Bunker waren im Wesentlichen betriebsbereit. Nach ausreichender Prüfung und Untersuchung durch das Militär und die Geheimdienste der NATO blieben beide Liegenschaften weiterhin Sperrgebiet. Es wurde rund um die Uhr bewacht. Im Jahre 1993 begann die Privatisierung des Objektes Linda/Stolzenhain. Auch das Waldlager Lychen-2 wechselte im Jahre 1995, als die neuen Bundesländer die ehemaligen russischen Liegenschaften übernahmen, den Besitzer. Fortan gehörte es dem Land Brandenburg. Im Rahmen der EXPO 2000 und in den Folgejahren fanden im Waldlager Lychen-2 jährlich mehrere militärhistorische Führungen statt.«

Eckart lieferte die Details: »Das Kernwaffenlager Lychen-2 zwischen Lychen und Bredereiche hatte eine Größe von 98 Hektar, zwölf davon waren bebautes und gesondert umzäuntes Gebiet. Die Übergabe an die sowjetischen Truppen war am 6. Dezember 1968 erfolgt. Die Garnison Lychen-2 befand sich am Rande eines gesicherten Raketenübungsgeländes und war zusätzlich durch weitere Zäune, Mauern und eine Hochspannungsanlage geschützt.

Die NVA hätte auch im Ernstfall dort keinen Zugang gehabt. Die atomaren Gefechtsköpfe wären bis zum Abschuss unter sowjetischer Kontrolle geblieben. Nur der Transport von einer vorgegebenen Übergabestelle zu den Raketentruppenteilen war Aufgabe des NVA-Kommandos.

Der wichtigste und geheimste Teil der Liegenschaft war der gesicherte Bunkerbereich mit den beiden etwa 250 Meter entfernt stehenden Einzelbunkern, die um 90 Grad versetzt waren.

Die Bunker maßen außen 45 mal 42 Meter. An beiden Stirnseiten befanden sich eine getarnte Laderampe sowie die äußeren Drucktore mit einer Größe von 2,40 mal 2,45 mal 0,42 Meter. Die Tore waren mit Schamotte gefüllt und wogen rund sieben Tonnen. Sie wurden von Hand oder mittels Stellmotor geöffnet.

Das erfolgte nur auf Befehl, z. B. beim Austausch von Gefechts-köpfen. Die Seitenwände und die Decke der Bunker waren 1,20 Meter stark. Die innere Wandstärke betrug 0,75 oder 0,42 Meter. Jeder Bunker wurde von mehreren Postentürmen, Kleinstbunkern und Laufgräben gesichert.

Die Bauwerke hatten zwei Ebenen:

1. Zur Ladeebene gehörten die getarnte Laderampe, der Tor- und der Kranbereich.

2. Die Lagerebene lag ca. 4,00 m tiefer und umfasste zwei Berei-che: die Aufzugshalle mit vier Lagerkavernen und einigen Neben-räumen sowie dem Zugang zum Service- und Betriebsbereich, der mit einer Drucktür ständig verschlossen war. Die Größe einer Lagerkaverne betrug 22 mal 4,50 Meter. In ihnen konnten etwa 30 in speziellen Containern gelagerte Gefechtsköpfe (jeder bis zu 1.000

Beladung einer Startrampe 2P16 mit Rakete 3R9

Kilogramm) im Lagerboden fest verankert werden. Die Lagerebene enthielt weiterhin Prüfplätze für Druck, Temperatur, Vakuum und Druckluft. Dort könnten – in einem Nebenraum – auch die Zünder für die Gefechtsköpfe gelagert worden sein.

Weiterhin gab es einen Raum mit einem Detonationsmanipulator und Prüfmöglichkeiten für Gefechtsköpfe. Ein Dokumentationsraum mit Stahlschränken diente vielleicht als Archiv für die Unterlagen der im Bunker gelagerten Atomwaffen. Die klimatischen Bedingungen im Lagerbereich betrugen zwischen 5 und 15 Grad sowie 70 Prozent Luftfeuchte.

Der Servicebereich enthielt alle technischen Mittel zum normalen und autarken Betrieb des Bunkers – eine Elektrozentrale, Filterräume, einen Tiefbrunnen, ein Betriebsstofflager (Motorenöl und Dieselkraftstoff), Pumpenräume, Räume für Gasflaschen (Druckluft und Helium), Toiletten und Aufenthaltsräume.

Der Eingang zum Bunker erfolgte nur durch die Bunkerdecke im Servicebereich.

Beide Bunker standen in einem abgeschlossenen und gesondert gesicherten Bereich. Ihn durften nur Militärangehörige betreten, die den dafür notwendigen Ausweis besaßen. Es ist möglich, dass das Tor zur Bunkerzone nur geöffnet wurde, wenn ein angemeldeter Gefechtskopftransport erfolgte.

Die Wachmannschaft gelangte in die Bunkerzone durch einen unterirdischen Gang, der im Stabsgebäude begann und gegenüber vom Wachgebäude im Wald endete. In diesem Gang gab es einen gesonderten Postenbereich.

Der Technikbereich umfasste das Heizhaus, das Wasserwerk und die Energieversorgung und diente zur Versorgung des Gesamtobjektes mit allen Medien.

Im Parkbereich befanden sich beheizte und unbeheizte Garagenkomplexe für Lkw, der Reparaturstützpunkt, eine Tankstelle und die Waschanlage. Hier standen auch die Isothermfahrzeuge zum Transport der Gefechtsköpfe. Die Gefechtsköpfe konnten auch per Hubschrauber an- und abtransportiert werden. Zwischen beiden Bunkern lag ein entsprechender Landeplatz.

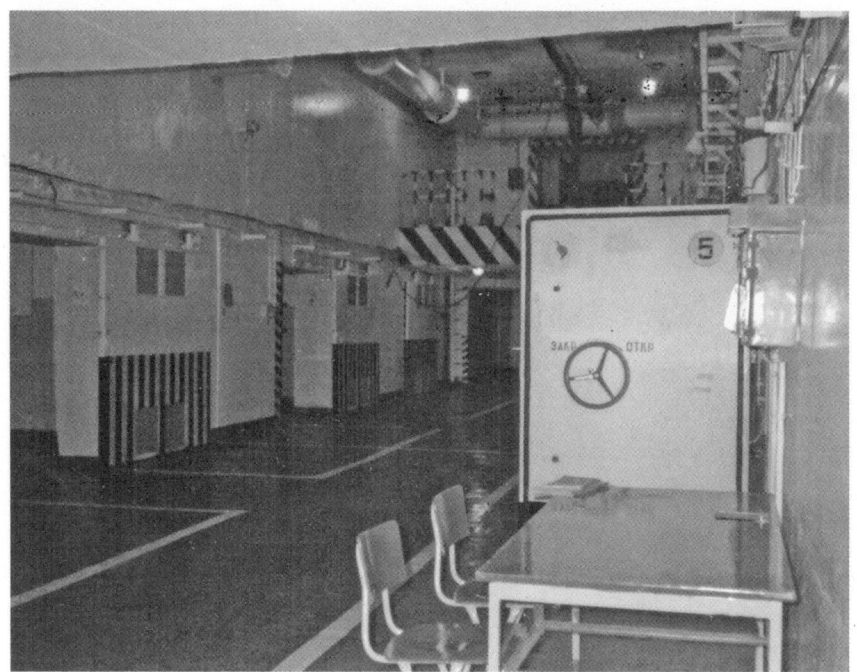

Blick in das Untergeschoss des Nuklearlagers Lychen, nach dem Abzug der GUS-Truppen in den frühen 90er Jahren

Im Wachgebäude (Eingang Bunkerzone) gab es eine im Boden eingelassene Nachrichtenzentrale. Sie war bei der Übergabe 1991 zerstört. Welche Aufgabe hatte sie? War es eine Direktverbindung zur 12. Hauptverwaltung, um das Tor zu öffnen, wenn ein neuer Transport kam oder Gefechtsköpfe in die UdSSR zurückgeführt wurden?

Zudem: Wurden überhaupt jemals Gefechtsköpfe hier gelagert? War die Lagerkapazität im Ernstfall nur für die NVA vorgesehen? Diente sie vielleicht auch als Lager für die sowjetischen Raketentruppen? Lagerte hier auch andere Atommunition?

Diese und viele weitere Fragen können heute nicht mehr oder noch nicht beantwortet werden.

Wenn in ferner Zukunft Touristen die Wälder der Uckermark durchstreifen, wird ihnen bald kaum jemand über die verwilderten Gebäudereste Auskunft geben können. Das Wissen über die

An der Startrampe 9P113 mit Rakete 9M21

Militärobjekte der sowjetischen Truppen, den Begriff Kalter Krieg und die gefahrenvolle Zeit in Deutschland und Europa sowie über die Lagerung der gefährlichsten Atomwaffen ist vergessen. Auch kein Lehrbuch wird es den Schülern vermitteln. Dieses Kapitel der deutschen Geschichte wurde ausgeblendet.«

Für die Zuführung der nuklearen Gefechtsköpfe gab es in den Beweglichen Raketentechnischen Basen (BRTB) und in den Raketentransportabteilungen der NVA Transportformationen, welche über geeignete Fahrzeuge verfügten. Spezielle Kofferaufbauten gewährleisteten während des Transportes, der feldmäßigen Lagerung und bei der Zuführung eine gleichbleibende Temperatur.

Die Armeeangehörigen übten Übergabe/Übernahme und Montage von Gefechtsköpfen. Dabei handelte es sich um Modelle, die in Form, Gewicht und Ausstattung dem Original entsprachen. Folgende Handlungen führten die Raketensoldaten während der Gefechtskopfmontage aus:

• Entfalten des Transportladefahrzeugs (Startrampe) mit dem Träger und des isothermischen Fahrzeugs mit dem Gefechtskopf,

- Entfalten des Krans und Vorbereitung der Traversen,
- Kontrolle der Begleitdokumentation, Durchführen der äußeren Durchsicht an Trägern und Gefechtsköpfen,
- elektrische Überprüfung des Vorhandenseins der Sicherheitsstufen und der Heizstromkreise an den Gefechtsköpfen,
- Umladen- und Montage des Gefechtskopfes an die Träger,
- technische und elektrische Abschlusskontrolle an der Rakete,
- Ausfüllen und Austausch der Übergabe-/Übernahme-Protokolle,
- Sicherung der Lager- und Nutzungsbedingungen usw.

Anmerkungen

1 BStU Berlin, GKdos VS-Nr. A 84562, Die Vorbereitung der Deutschen Demokratischen Republik, Bl. 1ff.
2 Wolfgang Weber, Die Streitkräfte der NATO auf dem Territorium der BRD, Berlin 1968, S. 17
3 BA/MA Freiburg, VA-01/25063, Auskunftsberichte Raketentruppen und Artillerie, Bl. 22
4 BA/MA Freiburg, VA-10/38317, Bl. 80
5 BA/MA Freiburg, VA-10/38317, Bl. 80
6 BA/MA Freiburg, VA-01/25063, Auskunftsberichte Raketentruppen und Artillerie, Bl. 26
7 Anatoli I. Gribkow: Im Dienste der Sowjetunion, Berlin 1992, S. 362

Die Ausbildung in den Raketentruppen der NVA

Die Einführung der Raketentechnik in die Bewaffnung stellte an die politische und militärische Führung der NVA neue Anforderungen: auf wissenschaftlich-technischem Gebiet, an Führung und Organisation der Ausbildung. Lehreinrichtungen mussten gegründet und diese materiell und personell ausgestattet werden. Da es sich um sowjetische Waffensysteme handelte, konnten folglich die deutschen Ausbilder nur in sowjetischen Bildungseinrichtungen und mit Hilfe sowjetischer Militärspezialisten qualifiziert werden. Das auf diese Weise erworbene Wissen gaben sie in der NVA bzw. in deren Lehreinrichtungen weiter.

Aus dem Bereich des Chefs Artillerie, später der Raketentruppen und Artillerie, der Verwaltung Bewaffnung, später Raketen- und Waffentechnischer Dienst, der rückwärtigen Dienste, den Offiziersschulen, den Divisionen und weiteren Truppen waren Armeeangehörige zu entsprechende Kursen delegiert worden. Das Verteidigungsministerium der Sowjetunion stellte für sie Plätze zur Verfügung: an der Militärakademie der strategischen Raketentruppen »Felix Edmundowitsch Dzierzynski« in Moskau, an der Offiziershochschule der Artillerie in Leningrad, an der Militärakademie der Artillerie »Michail Iwanowitsch Kalinin« in Leningrad, an der Artillerietechnischen Offiziershochschule in Pensa, an der Kasaner Militärtechnischen Offiziershochschule und an weiteren Ausbildungsstätten.

Mit der erfolgreichen Ausbildung der ersten Spezialisten der NVA in der Sowjetunion begannen Aufstellung, Ausrüstung und Ausbildung der ersten Einheiten mit dem Raketenkomplex 2K6 Luna (R30) taktischer und dem Raketenkomplex R170 (R-11M) operativ-taktischer Bestimmung.

Die Moskauer Militärakademie der strategischen Raketentruppen war eine der ersten Lehreinrichtungen, an der NVA-Angehörige umfassende Kenntnisse und praktische Fertigkeiten für diese Waffentechnik erwarben. Die Einrichtung war 1820 gegründet worden und existiert noch. Sie wurde wiederholt umbenannt, seit 1997 heißt sie Militärakademie der Strategischen Raketentruppen »Peter der Große«. Wie zu Zeiten der Sowjetunion lehren dort viele Mitglieder der Akademie der Wissenschaften, zum Lehrkörper gehören mehr als 200 Professoren und Doktoren sowie über 600 Dozenten und Kandidaten der Wissenschaft.[1]

Zu den ersten Hörern, die der DDR-Verteidigungsminister nach Moskau befahl, gehörten der nachmalige Generalleutnant Neidhardt, der spätere Oberst Matern, Oberstleutnant Schwedler, Oberstleutnant Heyde und Hauptmann Röhrig.

Die Einführung der Raketenkomplexe operativ-taktischer und taktischer Bestimmung in den beiden Militärbezirken in der DDR zog zwangsläufig auch eine Vergrößerung des Personalbestandes nach sich, der zudem entsprechend qualifiziert sein musste. Trotz

»Entaktivieren«: Startrampe 2P16 des Raketenkomplexes 2K6 LUNA

Versetzung von geeigneten Offizieren und Unteroffizieren aus den Artillerietruppen konnte zunächst der Bedarf weder in quantitativer noch in qualitativer Hinsicht befriedigt werden. Deshalb schickte man NVA-Angehörige an die Militärakademie der Artillerie »Michail Iwanowitsch Kalinin« in Leningrad. Delegiert wurden Offiziere, die Aufgaben übernehmen sollten im höheren operativen und technischen Dienst des Kommandos der Landstreitkräfte und der Militärbezirke, in Führungsorganen der Divisionen, der Raketenbrigaden, an den Unteroffiziersschulen sowie an der Offiziershochschule »Ernst Thälmann«, an der Militärakademie »Friedrich Engels« und nicht zuletzt in den Einheiten der raketentechnischen Sicherstellung und im Raketen- und Waffentechnischen Dienst.

Die Leningrader Militärakademie war wie die in Moskau 1820 als Bildungseinrichtung eröffnet worden, um Artillerieoffiziere auszubilden. Als Ingenieurtechnische Artilleriehochschule »Michail Iwanowitsch Kalinin« wurde sie 1960 als Ingenieurfakultät in die Militärakademie der Artilleriekommandeure integriert, die ihren Namen übernahm.

Oberstleutnant a. D. Kurt Schmidt mit Enkel Stefan am Hauptportal der Michailow-Akademie in St. Petersburg, 2006

1995, zum 175-jährigen Bestehen der Militärakademie, erhielt sie ihren ersten Namen zurück: Michailow-Akademie.

Von 1954 bis 1971 absolvierten 87 Offiziere der Raketentruppen und Artillerie der NVA ein Studium und schlossen mit Diplom ab, weitere 187 Offiziere besuchten die Höheren Akademischen Artilleriekurse. Ein Offizier promovierte.

Zwischen 1972 und 1990 erwarben dort weitere 102 Offiziere der Raketentruppen und Artillerie der NVA das Diplom, 233 qualifizierten sich in den Höheren Akademischen Artilleriekursen.[2]

An der Artillerietechnischen Offiziershochschule in Pensa und an der Kasaner Artillerietechnischen Offiziershochschule wurden vornehmlich technische Spezialisten des Raketen- und Waffentechnischen Dienstes ausgebildet. Sie stellten das militärtechnische Fachpersonal für die raketentechnische Sicherstellung der Raketentruppen. Sie wurden in den Raketenbrigaden, in den Beweglichen Raketentechnischen Basen, in der Raketentechnischen Basis 2, in den Abteilungen des Raketen- und Waffentechnischen Dienstes der Militärbezirke, den Verwaltungen Beschaffung und Instandsetzung sowie im Raketen- und Waffentechnischen Dienst des Ministeriums für Nationale Verteidigung eingesetzt. Sie waren auch als Kommandeure, Ausbilder und Lehrkräfte an der Militärakademie »Friedrich Engels«, an der Offiziershochschule »Ernst Thälmann«, im Raketenausbildungszentrum 40 sowie an den Unteroffiziersschulen gefragt.

Die Militärakademie des Generalstabes der Sowjetischen Streitkräfte »Marschall der Sowjetunion Kliment Jefremowitsch Woroschilow«, heute Militärakademie des Generalstabes der Streitkräfte der Russischen Föderation, war 1832 in St. Petersburg zur Ausbildung von Generalstabsoffizieren gegründet worden. An diesem Auftrag, Führungsoffiziere heranzubilden, hielt man durch die Jahrhunderte fest. Bis heute erwarben dort Offiziere aller Waffengattungen und auch aus ausländischen Armeen ihre Qualifikation für Führungsaufgaben.

An der Spezialfakultät der Militärakademie des Generalstabes studierten auch Offiziere der NVA ab Divisionskommandeur aufwärts. Die Kommandeure der Raketenbrigade Roland Grosser, später Generalmajor, und Gerhard Boh, später Oberst, absolvierten sie ebenfalls. Neben einem mehrjährigen Studium bot die Einrichtung auch Höhere Akademische Kurse zur Weiterbildung, Umschulung und Vermittlung neuester Erkenntnisse des Militärwesens in Spezialprofilen an. Diese Kurse dauerten drei oder fünf Monate.

Etwa hundert Kilometer von Leningrad unweit von Luga befand sich seit 1959 der Höhere Zentrale Artillerieoffizierskurs (ZAOK). Die überwiegend praxisgebundene Ausbildungseinrichtung wurde von der Militärakademie der Artillerie »M. I. Kalinin« geführt und diente der feldmäßigen Ausbildung der Offiziershörer.

Die Militärakademie »Friedrich Engels« in Dresden nahm übrigens im gleichen Jahr ihre Lehrtätigkeit auf. Weniger als ein Drittel der knapp 100 Lehrkräfte verfügten über einen Diplomabschluss. Am Ende, 1990, wirkten dort über 400 Lehroffiziere und wissenschaftliche Mitarbeiter. Sie alle hatten eine Hochschuleinrichtung bzw. Militärakademie in der Sowjetunion oder der DDR besucht, über die Hälfte der Lehrkräfte hatte promoviert.

In den 31 Jahren ihrer Existenz absolvierten rund 6.000 Offiziere die Militärakademie »Friedrich Engels«, über 250 Offiziere wurden für ihre Leistungen mit einem Sonderdiplom ausgezeichnet. Etwa 100 Absolventen wurden zum General oder Admiral ernannt.

Die Generalstabsakademie in Moskau

Der Lehrstuhl Artillerie-Taktik (später Raketentruppen und Artillerie) – erster Lehrstuhlleiter war Oberstleutnant Alfred Schicker – vermittelte wissenschaftliche Erkenntnisse über die Rolle der Raketentruppen in den taktischen und den operativ-taktischen Handlungen der Armee und der Divisionen. Die Offiziere des Lehrstuhls – Oberst Rolf Lehmann, Oberst Martin Schneider, Oberst Adolf Kosanke, Oberst Friedrich Peters (er war der letzte Lehrstuhlleiter) und andere – leisteten einen wirksamen Beitrag zur Steigerung des Gefechtswertes.

Als Beispiel für die Einheit von Lehre und Praxis gilt die von Oberst Willi Schoetzke und Oberst Hans-Joachim Marschner, Führungsoffiziere der 5. Raketenbrigade, erarbeitete Diplomarbeit. Darin äußerten sie sich zu neuen Formen der Planung der Gefechtsausbildung sowie zur Vorbereitung der Raketensoldaten auf taktische und operativ-taktische Übungen mit und ohne Gefechtsstart. Ihre Diplomarbeit hatte Einfluss auf Organisation und Gestaltung der Gefechtsausbildung in den Raketentruppen. Auch andere wissenschaftliche Arbeiten des Lehrstuhls fanden Eingang in Dienstvorschriften, Anleitungen, Ausbildungsprogramme und Studienmaterialien.

Von 1956 bis 1960 befand sich die Artillerie- und Panzertechnische Schule in Erfurt auf dem Steiger, dann wurde der panzertechnische Teil der sogenannten Steigerkaserne an die Panzerschule Großenhain verlegt. Der verbliebene artillerietechnische

Das Lehrgebäude des ZAOK bei Leningrad, ein Holzhaus

NVA-Absolventen des Höheren Akademischen Artilleriekurses in Leningrad, 1972

Teil wurde zur Artillerietechnischen Schule. Diese zog im Herbst 1960 an die Artillerieschule nach Dresden.

Auf der Grundlage der Befehle Nr. 45/63 und 69/63 des Ministers für Nationale Verteidigung wurde die Offiziersschule der Landstreitkräfte gebildet. In diese wurden die Schulen der einzelnen Waffengattungen und der Dienste eingegliedert. In diesem Kontext verzog die Artillerieschule von Dresden nach Zittau.

Am 2. Dezember 1963 eröffnete der Minister für Nationale Verteidigung die Offiziersschule, sie erhielt am 1. März 1964 die Truppenfahne und den Namen »Ernst Thälmann«. Am 1. März 1971 wurde sie die Offiziershochschule der Landstreitkräfte Löbau/Zittau. Aus den bisherigen Fachrichtungen wurden Sektionen gebildet. Die Sektion 4 war Raketentruppen und Artillerie.

Am 1. September 1970 hatte der Lehrstuhl Raketen- und Raketentechnische Ausbildung seine Tätigkeit aufgenommen. Mit dieser Sektion gelang es, den personelle Bedarf in den Raketentruppen sukzessive zu decken. Offiziere der Start- und Sicherstellungsbatterien der Raketenkomplexe 9K52 und 9K72 erhielten dort eine solide Ausbildung.

Damit erledigte sich die Praxis, das Personal für die Raketen- und raketentechnischen Einheiten aus den Artillerieeinheiten und dem Waffentechnischen Dienst zu rekrutieren. Die zuversetzten Armeeangehörigen aus diesem Bereich erfüllten zwar ihre Aufgaben, besaßen aber keine für die jeweiligen Raketenkomplexe notwendigen theoretischen Kenntnisse und Fähigkeiten.

Oberstleutnant Matern, ehemaliger Stellvertreter des Kommandeurs und Stabschef der 5. Raketenbrigade, wurde Leiter des Lehrstuhls Raketen- und raketentechnische Ausbildung in Zittau. Hauptmann Heyde und Hauptmann Stefanowski, Absolventen der Leningrader Militärakademie der Artillerie »M. I. Kalinin«, wurden Lehroffiziere an diesem Lehrstuhl.

Gegenstand der Lehre waren die taktische Ausbildung, die Raketenschießausbildung, der Feuerdienst und die technische Ausbildung an den Raketen 9M21 und 8K14 sowie die Bodenausrüstung der Raketenkomplexe 9K52 und 9K72. Den Offiziersschülern wurden theoretische Kenntnisse und praktische Fähigkeiten zur Erfüllung der Aufgaben in der ersten Offiziersdienststellung bei den Raketentruppen der Landstreitkräfte vermittelt.

Die Lehrkräfte im Lehrstuhl, die die russische Sprache beherrschten, wurden auch zum Übersetzen von Dienstvorschriften, Anleitungen, technischen Beschreibungen und anderen Dokumenten der sowjetischen Streitkräfte gebraucht.

Die erste Ausbildungseinrichtung für Spezialisten der Raketentruppen der NVA hingegen war das Raketenausbildungszentrum, das aus der am 1. Mai 1963 gebildeten Artillerieausbildungsabteilung 12 hervorgegangen war. Sie unterstand dem Chef Artillerie des Militärbezirkes V. 1969 verlegte man sie nach Prora auf der Insel Rügen. Sie wurde der dortigen Technischen Unteroffiziersschule angegliedert. Am 1. Dezember 1972 erfolgte die Umbenennung in »Raketenausbildungsabteilung 25«.

1977 wurde sie mit der Raketenausbildungsabteilung 15 in Stallberg zum »Raketenausbildungszentrum 40« zusammengelegt.

Dieses bestand aus der Führung, der 1. Batterie operativ-taktische Raketen (Unteroffiziersausbildung), der 2. Batterie taktische Raketen (Unteroffiziersausbildung), der 3. Batterie operativ-taktische Raketen (Ausbildung Soldatenspezialisten), der 4. Batterie taktische Raketen (Ausbildung Soldatenspezialisten) und der 5. Batterie (Sicherstellung operativ-taktische Raketen/taktische Raketen). In den einzelnen Batterien wurden in sechs Monaten Unteroffiziere auf Zeit zu Gruppenführern und Soldaten für spezielle Funktionen in den Raketenbatterien ausgebildet.

Die Batterie taktische Raketen führte unter Kommandeur Major Pilz am 27. September 1978 ihren ersten Gefechtsstart durch.

Am 30. November 1986 wurde das Raketenausbildungszentrum 40 als Fachrichtung VIII in die Militärtechnische Schule Prora eingegliedert.

Organisation und Sicherstellung der Ausbildung

Für die DDR stand die Friedenssicherung im Zentrum aller Verteidigungsanstrengungen. »Von deutschem Boden darf nie wieder Krieg, muss Frieden ausgehen!« war Staatsdoktrin. In diesem Sinne wirkte die DDR-Führung auch im Warschauer Vertrag. Insbesondere in den frühen 80er Jahren, als nach NATO-Nachrüstung und militärischer Intervention der Sowjetunion in Afghanistan sich die internationale Klassenauseinandersetzung dramatisch zuspitzte und Moskau bereits mit einem Kernwaffenkrieg rechnete, wirkte die DDR nicht nur mäßigend auf den Verbündeten ein, sondern sorgte politisch (Honeckers Bemühungen um eine »Koalition der Vernunft«) und auch militärisch für Entspannung: Die Quelle »Topas« der DDR-Auslandsaufklärung im NATO-Hauptquartier in Brüssel übermittelte Informationen, die darauf hindeuteten, dass die Hysterie in den Stäben der östlichen Führungsmacht überzogen war. Es ist nachgewiesen, dass Rainer Rupp alias »Topas« einen möglichen Weltkrieg – der gewiss der letzte gewesen wäre – verhindert hat.

Dem politischen Auftrag zur Friedenssicherung waren alle Anstrengungen der Soldaten, Unteroffiziere, Fähnriche und Offiziere der NVA unterworfen. Nicht grundlos erklärte Verteidigungsminister Heinz Keßler, dass die Streitkräfte der DDR in jenem Moment, wenn sie in einem Ernstfall die Kasernen verlassen müssten, eigentlich ihren Klassenauftrag bereits verwirkt hätten: Der lautete nämlich Friedenssicherung, nicht Kriegsteilnahme.

Deshalb hatte die politisch-ideologische Erziehung der Armeeangehörigen den gleichen Stellenwert wie die Vermittlung theoretischer Fachkenntnisse, praktischer militärischer Fertigkeiten und

Beladen einer Startrampe 9P113 vom Transportfahrzeug 9T29

das physische Training. Ob die politische Schulung und die gesell-schaftswissenschaftliche Weiterbildung immer das erforderliche Niveau hatten, steht dahin. Tatsache aber bleibt, dass eine solche Qualifizierung notwendig und nützlich ist – wie man heute, wo in keinem gesellschaftlichen Bereich eine vergleichbare systemati-sche Schulung erfolgt, bemerkt.

Die DDR hatte am 29. September 1969 den Atomwaffen-sperrvertrag unterzeichnet (der übrigens erst 1970 in Kraft trat). Dieser verhinderte zwar nicht das Wettrüsten der fünf offiziellen Atommächte, wohl aber, dass Staaten ohne Atomwaffen selber welche entwickelten oder herstellten. Israel, Pakistan und Indien verweigern bis heute die Zustimmung, Nordkorea zog 2003 seine zurück. Die Gründe sind bekannt. Nach Ansicht des Stockholmer Friedensforschungsinstituts SIPRI verfügen jene acht Staaten über rund 10.200 gefechtsbereite Sprengköpfe, der weltweite Vorrat von hoch angereichertem, also kernwaffentauglichem Uran wird auf 1.370 Tonnen geschätzt. In der Hiroshima-Bombe befanden sich 60 Kilogramm, also 0,06 Tonnen.

Die USA, das nur nebenbei, haben noch etwa 200 bis 350 Atombomben in Westeuropa liegen.

Die Gefechtsausbildung der Raketen- und raketentechnischen Einheiten unterlag einer ständigen Kontrolle. Neben der struk-turmäßigen Kontrollgruppe des Chefs der Raketentruppen und Artillerie der Landstreitkräfte verfügten die Kommandeure der jeweiligen Kommandoebene (Militärbezirk, Division, Raketenbri-gade, Raketenabteilung, Startbatterie) über eine eigene, nicht-strukturmäßige Kontrollgruppe. Sie überprüfte die Erfüllung der einzelnen Aufgaben im Rahmen der Gefechtsausbildung.

Die Ausbildungsergebnisse der Raketenbrigade oder der -abtei-lungen der Divisionen und Unteroffiziersschulen der Landstreit-kräfte besaßen einen hohen Stellenwert. Mit der Einführung der Wehrpflicht 1962 erhielt das Ausbildungsjahr einen fest termi-nierten Plan. Es begann stets am 1. Dezember und bestand aus zwei Ausbildungshalbjahren. Das erste Ausbildungshalbjahr endete im April, das das zweite ging von Juni bis Oktober. Die

Monate Mai und November galten als Übergangsmonate, in denen die Technik auf die Sommer- bzw. Winternutzungsperiode umgestellt und die neu einberufenen Grundwehrdienstleistenden für den Einsatz in ihre Stammeinheiten vorbereitet wurden. Die nach ihrer Ausbildung zuversetzten Unteroffiziere und Raketenspezialisten wurden in die Raketenbrigaden bzw. -abteilungen integriert.

Vor Beginn des Ausbildungsjahres erließ der Verteidigungsminister den sogenannten Ausbildungsbefehl, dieser begann stets mit der Nr. 100/ und führte hinterm Strich die jeweilige Jahreszahl. Auf Grundlage dieses Befehls erteilten die Chefs der Teilstreitkräfte und Militärbezirke analoge Anordnungen an die unmittelbare Befehlsebene darunter. Diese Art der Befehlsgebung setzte sich nach unten bis zu den Truppenteilen/Einheiten fort.

Grundlage der Planung für das Ausbildungsjahr waren die vom Minister befohlenen Maßnahmen, etwa Teilnahme an Manövern, Durchführung taktischer Übungen mit oder ohne Gefechtsstart oder Teilnahme an Ehrenparaden. Breiten Raum nahmen die Ausbildungsprogramme für die jeweilige Waffengattungen und Dienste sowie die entsprechenden Gefechtsdienstvorschriften ein.

Anfang der 70er Jahre gab es neue Ausbildungsprogramme für die Raketentruppen. Sie fußten auf wissenschaftlichen Arbeiten der Militärakademie »Friedrich Engels« und Erfahrungen in den Raketentruppen, den Stäben Raketentruppen und Artillerie der Divisionen, Militärbezirke und dem Kommando Landstreitkräfte.

Im Zentrum stand die Komplexausbildung als Hauptform der Gefechtsausbildung. Im Ausbildungshalbjahr gab es sechs Ausbildungskomplexe. Jeder enthielt Themen der Spezialausbildung, Elemente der Pionier-, Sanitäts-, Schutz-, Technik-, Schieß- und taktischen Ausbildung sowie die Überprüfung der dort geltenden Normen. Für jeden Ausbildungskomplex wurden ein konkretes Ziel formuliert und der Leiter/Kontrolleur benannt.

Im ersten Ausbildungskomplex sollte die Geschlossenheit der Einheit unter einfachen Bedingungen mit den neu eingegliederten Armeeangehörigen hergestellt werden.

Das war auch Gegenstand des zweiten Ausbildungskomplexes, nunmehr aber unter komplizierten Bedingungen: mit Schutzausrüstung, in der Nacht, bei reduzierten Normzeiten. Im Rahmen dieses Ausbildungskomplexes wurde etwa das reale Betanken der Rakete 8K14 geübt.

An ein solches »Realbetanken« erinnerte sich später Oberstleutnant Wilfried Büttner, Stellvertreter des Kommandeurs für Raketentechnischen Dienst der Beweglichen Raketentechnischen Basis 3: »Die Umstrukturierung der Raketenbrigade Anfang der 80er Jahre auf zwölf Startrampen, die Bildung der Technischen Batterie in der Raketenabteilung erforderte, um in kürzester Zeit die Herstellung der Gefechtsbereitschaft zu erreichen, die Betankung der Träger 8K14 nicht nur in den raketentechnischen Einheiten, sondern auch in den Startbatterien mit den Bedienungen der Startrampen zu trainieren.

Für diese Ausbildung stand das 8K14GWM – Gewichtsmodell – zur Verfügung. Ich nenne es hier »Tanktrainingsrakete«.

In der Sowjetunion gab es bei der Betankung einer strategischen Rakete eine große Havarie mit vielen Toten und Verletzten. Wir hörten davon, erfuhren aber nichts über Hergang und Ursachen. Dennoch beschäftigte uns das, weil bei der Ausbildung mit realen Treibstoffkomponenten immer eine potentielle Gefahr bestand.

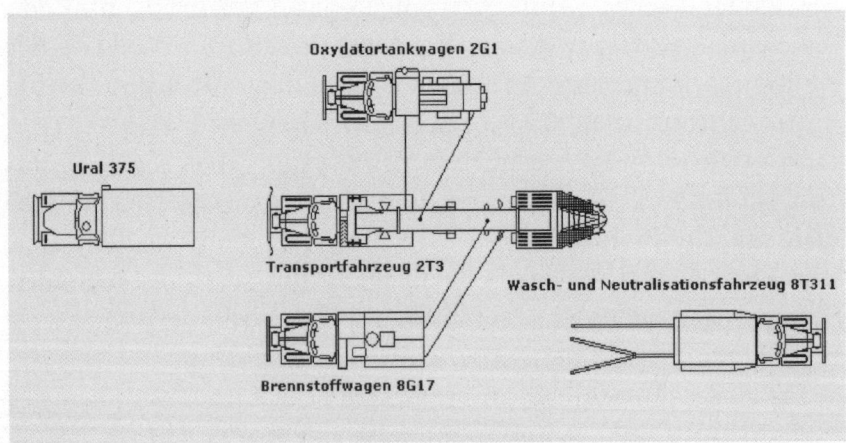

Schema zur Betankung des Trägers 8K14

Als Ausbildungsleiter der Realbetankung standen bei mir vornan die Einhaltung der Sicherheitsbestimmungen, die Belehrung des Personals, die Überprüfung der Ausrüstung, die vorschriftsmäßige Ausstattung des Betankungsplatzes und die medizinische Sicherstellung. Bei den Treibstoffkomponenten handelte es sich um realen Oxydator AK 27i – Melange –, Kerosin als Brennstoff und Leichtbenzin als Startbrennstoff. Realer Startbrennstoff TG-02 – Samin – wurde aus Sicherheitsgründen nicht verwandt. Jeder, der Ausbildungsleiter eingeschlossen, trug die vorgeschriebene Schutzbekleidung und Atemschutzmaske mit Spezialfilter.

Der Betankungsplatz im Ausbildungsgelände der 3. Raketenbrigade war eine ausgebaute Fläche, die von bewohnten Gebäuden entfernt lag. Treibstoffkomponenten konnten in das versiegelte Erdreich nicht eindringen.

Auf mein Signal bezog die Fahrzeugkolonne – bestehend aus Raketentransport-, Oxydatortank-, Wasch-/Neutralisations- und Brennstofftankfahrzeug – den Betankungsplatz. Von nun an wurde die Zeit gemessen. Die Bedienungen der Startbatterien und der Technischen Batterie überführten den Träger von der Bereitschaftsstufe 6 in die Bereitschaftsstufe 5.

Der Leiter Betankung übernahm die Rakete und führte mit den Bedienungen die äußere Durchsicht der Rakete durch, verglich die Dokumentation mit der Rakete, prüfte die Gültigkeit der Analysen der jeweiligen Treibstoffkomponenten, ließ die Horizontale der Rakete herstellen sowie die Tank- und Drainagevorrichtungen anschließen.

Wie viel Oxydator und Brennstoff in die Tanks kam, wurde von der Temperatur bestimmt. Mit Hilfe der Temperatureinstellung an der Drainagevorrichtung, von der das Drainagerohr in den Tankbehälter senkrecht ragte, wurde der Pegel und damit der Tankinhalt festgestellt. Überschritt die Treibstoffkomponente ein bestimmtes Niveau, floss das zuviel Getankte über das Drainagerohr in das Tankfahrzeug zurück. Die Kunst der Betankens bestand darin, die Treibstoffzufuhr rechtzeitig zu drosseln, was am Schauglas der Drainage zu erkennen war.

Mit der Abfahrt des Raketentransportfahrzeuges vom Betankungsplatz war die Übung beendet und wurde die Zeit gestoppt. Die Bewertung erfolgte nach Zeit und Qualität der Ausführung.

Nach der Auswertung wurde für die nächste Bedienung die Ausgangslage hergestellt. Auf diese Weise trainierten vier bis Bedienungen an einem Tag. Für mich bedeuteten das sechs bis neun Stunden in Schutzbekleidung und zeitweise mit Atemschutzmaske.«

Oberst Klaus Schreiber, Stellvertreter des Kommandeurs für Raketentechnischen Dienst der 5. Raketenbrigade in Demen von 1974 bis 1985, erlebte diese Übung so: »Pro Tankrakete war nur

Tankwagen 2G1 (oben) und Oxydatortankwagen 8G17

Betankung des Trägers 8K14

eine bestimmte Anzahl von Betankungen in einer bestimmten Zeit gestattet. Auf Grund von Havarien und Katastrophen in der Sowjetarmee handelten wir vorsichtig. Die Realbetankungen wurden nur unter Aufsicht des Stellvertreters des Kommandeurs für Raketentechnischen Dienst der 5. Raketenbrigade oder eines Beauftragten durchgeführt. Auf die Führung der Begleithefte wurde genau geachtet, ebenso auf die Bereitstellung von Löschtechnik.

Bei der Rückladung des betankten Trägers (er durfte nie leer sein) vom Auflieger der 2T3 auf den Lagerungsauflieger im Tanklager erfolgte in den 80er Jahren in der 5. Raketenbrigade in Demen ein Unfall. Trotz Aufsicht des Zugführers hatte der Kranführer den Kranarm über die zulässige Auslage bewegt. Der Kran kippte, der betankte Träger rutschte über den Transportauflieger und krachte auf den Boden. Blechteile wurden verbogen, aber die Tankbehälter blieben dicht. Keine Schweißnaht war gerissen, und die Tankventile hatten auch gehalten.

Als schwierig erwies sich das Abtanken des Trägers auf der Erde. Dann wurde er neu zu verladen. Anschließend wurden die deformierten Blechteile durch Teile der zur Aussonderung vorge-

sehenen Lehrtrainingsrakete ersetzt. Nach einigen Stunden Nacht-
arbeit war die Reparatur in der Werkstatt beendet, die Tankrakete
überprüft und der Vorfall ins Begleitheft eingetragen. Gleichzeitig erfolgte die Meldung an den vorgesetzten Stab.«

Der dritte Ausbildungskomplex bedeutete für die Start- und
Technischen Batterien sowie für den Zug Technische Sicherstellung die Stunde der Wahrheit. Die nichtstrukturmäßige Kontrollgruppe des Kommandeurs der Raketenbrigade bzw. der Division überprüfte das geschlossene Handeln der Einheiten bei der
Erfüllung ihrer Aufgaben. War für das Ausbildungshalbjahr die
taktische Übung der Raketenbrigade geplant, erfolgte die Überprüfung durch die Kontrollgruppe des Chefs der Raketentruppen
und Artillerie. Diese überprüfte auch die Raketenabteilungen vor
der taktischen Übung mit Gefechtsstart.

Der vierte Ausbildungskomplex diente der Beseitigung von
Mängeln im dritten Ausbildungskomplex und der Vorbereitung der
Einheit auf die Zulassungsüberprüfung im Rahmen des fünften
Ausbildungskomplexes. Die Raketenabteilungen bereiteten sich auf
die taktischen Übungen der Startbatterien vor, wie sich Oberstleut-
nant Dietmar Huth, Kommandeur der Raketenabteilung 4, erin-
nerte. Bei Nachgeborenen wird die nachfolgende Schilderung der
technischen Abläufe vermutlich Heiterkeit auslösen, denn heute
dürfte das alles per Computer und nicht wie damals per Hand,
Kopf und mit Bleistift erledigt werden. Ohne den Einsatz und das
Engagement der daran Beteiligten zu schmälern oder sie gar der
Lächerlichkeit preiszugeben, muss festgehalten werden: Auch diese
Abläufe offenbaren das Aberwitzige und Fragwürdige dieser Waffentechnik, die im Ernstfall allein schon aus diesen Gründen vermutlich nie zum Einsatz gekommen wäre.

»Es wurde der Handlungsablauf einer Raketenabteilung/Start-
batterie des Raketenkomplexes 9K52 LUNA-M beim Erfüllen einer
Aufgabe 4 (Führung eines Einzel- oder Gruppenschlages bei der
Entfaltung aus dem Marsch heraus) erläutert. Ausgangslage: Rake-
tenabteilung/Startbatterie auf dem Marsch in einen neuen Stellungsraum, Startrampen sind beladen mit Raketen 9M21B/B1

(Spezialgefechtskopf), gültige Wettermeldung vorhanden, Funkverbindung zum vorgesetzten Stab stabil.

Das Signal zur Entfaltung aus der Bewegung wurde gesendet, gleichzeitig damit die Hauptstartrichtung und die Entfernung des zu bekämpfenden Zieles. Das Ziel (Ziele) wurde vorläufig mittels Lineal und Winkelmesser anhand der gesendeten Zielkoordinaten auf der Karte der Führung der Gefechtshandlungen im Abteilungsstab ermittelt.

Bis zum Start verblieben 25 Minuten (Note »Sehr gut«). Die vorläufigen Angaben waren notwendig, um das richtige Entfalten in die Gefechtsordnung zu gewährleisten und den Bedienungen der Startrampen gegebenenfalls Zeit zur Demontage der Bremsflächen zu geben.

Nach dem Eintreffen des Signals ließ der Batteriechef an dem nächsten zur Entfaltung der Startbatterie geeigneten Geländeabschnitt die Kolonne halten und bestimmte mittels Kompass die geforderte Hauptstartrichtung. Danach erfolgten Befehle zur Entfaltung der Führungsstelle. Startpunkte für die Feuerzüge und der Platz für die meteorologische Sondierung wurden festgelegt. Hauptstartrichtung und Variante (mit beziehungsweise ohne Bremsflächen) wurden den Zugführern befohlen.

Oberstleutnant Dietmar Huth, Kommandeur der Raketenabteilung 4, vor der Truppenfahne

Startrampe 9P113 auf dem Weg zur Startstellung

Nach der Entfaltung der Führungsstelle sowie der Funkmessstation RWZ-1 PROBA wurde dem Abteilungsstab die Bereitschaft zum Empfang der Aufgabe gemeldet. Es folgten Zahlenkolonnen mittels Kodiertabelle KOBRA, hinter denen sich Zielkoordinaten, Zielhöhe, Detonationshöhe, Zielcharakteristik, gestellte Aufgabe und anderes verbargen. Das Kommando wurde im Stab der RA und in den Führungsstellen der Startbatterien entschlüsselt, auf einer neuen Zeile erneut verschlüsselt und zurück gemeldet. Stimmte die Rückmeldung, konnten nun die Anfangsangaben für den Start der Raketen ermittelt werden.

Der Stab der Raketenabteilung koordinierte die Entfaltung der Sicherungskompanie, die Räume für den technischen Zug und den Unterbringungsraum der Rückwärtigen Dienste der RA.

In der Zwischenzeit hatten in den Feuerzügen die Vermesser die Kreisel angelassen, um den genauen Azimut (*Horizontalwinkel – d. Hrsg.*) zu bestimmen. Die Startrampen bezogen Deckung, notfalls wurden die Bremsflächen demontiert. Die Startflächen wurden ausgepflockt und mittels Einfahrleine ausgelegt. Die Vermesser, bei deren Fahrzeugen während des Marsches stets die Navigationseinrichtung eingeschaltet war, fuhren über die Startpunkte, erfassten die Koordinaten und meldeten diese dem Batteriechef.

Doublierend wurden die Startstellungskoordinaten durch die Feuerzugführer ermittelt (einfache Vermessungsverfahren wie ›Anhängen an einen Punkt‹, ›Rückwärtseinschnitt‹ oder anderes) und bestätigt oder korrigiert.

Die Meteorologen begannen mit der Errechnung des Windes auf dem aktiven Teil der Flugbahn. Dazu wurden, parallel zur Sondierung mittels Funkmessstation RWZ-1 PROBA, per Windgewehr WR-2 fünf Patronen (unterschiedliche Patronenart für Tag bzw. Nacht) senkrecht in die Luft geschossen. Ihr Fallpunkt, zur Sicherheit zumeist von allen Angehörigen der Startbatterie beobachtet, diente der Ermittlung von Richtung und Stärke des Windes auf dem besonders wichtigen aktiven Teil der Flugbahn der Raketen. Die ermittelten Werte wurden danach schriftlich dem Batteriechef übergeben. Sie waren für die Errechnung der Starteinstellungen erforderlich. Im Weiteren wurde alle fünf Minuten eine Kontrollsondierung vorgenommen. Lag der Auftreffpunkt der Kugel im bisherigen Kreis, gab es keine Veränderungen. Andernfalls musste neu sondiert werden.

Die Werte der Sondierung ermittelte bei der Begleitung eines Wasserstoffballons die Funkmessstation RWZ-1 PROBA, sie wurden direkt und laufend an die elektronische Rechenmaschine WM-3M weitergeleitet. Somit war das Errechnen der Endangaben sowohl per Maschine als auch per Hand sichergestellt. Die Handrechner (*Soldaten – d. Hrsg.*) errechneten zuerst die geodätischen Anfangsangaben. Mitunter war dabei auch das Umrechnen der Startstellungs- oder der Zielkoordinaten in die benachbarte geodätische Zone notwendig. In der Regel waren die Rechner zuerst mit der Rechenmaschine ›Felix‹, später dann mit Taschenrechnern aus DDR-Produktion (KONKRET 200, KONKRET 600, MR 610) ausgestattet.

Zur Ermittlung der Endergebnisse wurden Bände mit Tabellen und Pässe der Raketen benötigt, um die für die genaue Flugbahn der Raketen erforderlichen geophysikalischen, ballistischen und meteorologischen Daten zu ermitteln. Bei Übereinstimmung wurden die Endeinstellungen an die Feuerzüge übergeben. Bei Differenzen überprüften beide Seiten ihre ›Rechenzettel‹. Generell erfolgten alle Handlungen mit Ansage und lauter Vollzugsmeldung sowie nach dem Prinzip der Vorgesetzten- und gegenseitigen Kontrolle. Alle zu übermittelnden Werte wurden ausschließlich schriftlich übergeben. Dazu dienten Meldekarten. In den Feuerzügen wurden Haupt- und Kontrollrichtkreise aufgestellt. Die Richtung wurde von den Kreiseln übernommen.

Danach fuhren die Startrampen ein. Stimmte die Einfahrtrichtung, kam das Kommando: ›Zum Kampf! Stützteller abklappen, Startrampe ausheben!‹

Die Startrampe wurde mit vier Stütztellern ausgehoben, gleichzeitig senkte der Fahrer der Startrampe den Reifeninnendruck auf 50 kPa, um die Stabilität der Startrampe zu erhöhen. Die Kabel OR-1 und OR-2 wurden angeschlossen, die Druckluftanlage geöffnet, der Druckschlauch für die Inbetriebnahme der Ampullenbatterien des Gefechtskopfes angeschlossen. Der Thermobezug, mit dem der Gefechtskopf beheizt wurde, wurde abgenommen und verstaut.

Anschließend wurde die Startschiene auf 750 Strich (45 Grad) gehoben, damit sich die Pulverstangen des Triebwerkes, möglicherweise durch den vorherigen Marsch verschoben, setzten. Danach erfolgte das Einstellen des errechneten Aufsatzes, der die Flugentfernung bestimmte, und der eigentliche Richtprozess begann.

Mittels Haupt- und Kontrollrichtkreises sowie dem Rundblickfernrohr an der Startrampe wurde die Rakete auf das Ziel gerichtet. Die Zugführer stellten im Fahrerhaus der Startrampen am Pult AÄ 245000 den befohlenen Wert des PDU (Entfernung der Detonation über dem Zielpunkt = ›Scharfmachen des Gefechtskopfes‹) und die Detonationshöhe ein. Der Schalter ›Nakal RD‹ (Beheizung des Funkmessgebers) wurde eingeschaltet, das Fernstartkabel ausgerollt und das Fernstartpult 9W336 mit der Startrampe verbunden. Ab diesem Moment wurde durch ein Besatzungsmitglied der Startrampe das Startpult streng bewacht. Das Aggregat zur Stromversorgung wurde in Betrieb gesetzt, die Frontscheiben der Startrampe abgedeckt, alle Türen geschlossen.

Nachdem alle diese Tätigkeiten abgeschlossen waren, ging der gesamte Personalbestand der Startbatterie in Deckung und wartete auf das Startsignal. Am Pult 9W336 wurde die Verplombung der Startknöpfe gelöst, auf Signal erfolgte der Start der Rakete.

Unmittelbar danach wurde das Kommando ›Stellungswechsel!‹ gegeben. Nun ging es darum, so schnell wie möglich die Start-

Eine Startrampe 9P117M wird mit einer Rakete 8K14 beladen

stellung zu verlassen, um dem Antwortschlag des Gegners zu entgehen. Eine Vielzahl von aufeinander abgestimmten Handlungen war also auszuführen, um diese Aufgaben zu erfüllen. Hohes Tempo und fehlerfreies Arbeiten waren nur durch ständiges Trai-

Rakete 9K72, NATO-Bezeichnung SCUD B 250

ning, durch eine wirklich intensive und effektive Gefechtsausbildung gegeben. Zudem mussten solche Aufgaben auch bei Nacht, unter Schutzausrüstung, bei widrigen Witterungsumständen oder mit verkürztem Personalbestand erfüllt werden. Die Genauigkeit in der Entfernung und in der Richtung war zu gewährleisten, vor allem aber, dass die Raketen schließlich auch wirklich im Zielgebiet ankommen. Neben der zeitlichen Erfüllung der Aufgabe, galt es auch Fehler zu vermeiden.

Havariefehler, die sofort zur Bewertung mit der Note Fünf führten, waren unter anderem das Überschreiten der Startzeit, ein Start ohne Befehl, die Übernahme von Raketen oder Gefechtsköpfen mit unzulässigen Schäden, Marsch mit losen Haltebändern der Raketen oder das Bewegen der Startrampe, wenn der Schalter WK 6 (Stoppereinrichtung) nicht auf ›Marsch‹ gestellt war.«

Der fünfte Ausbildungskomplex hatte die Zulassungsüberprüfung zur taktischen Übung der Raketenbrigade bzw. der Raketenabteilung zum Gegenstand. Die Zulassungsüberprüfung erfolgte immer durch die Kontrollgruppe des Chefs der Raketentruppen und Artillerie der Landstreitkräfte oder durch die nichtstrukturmäßige Kontrollgruppe des Kommandos des Militärbezirkes, des Führungsorgans der Division oder der Raketenbrigade. Der Einsatz der Kontrollgruppe richtete sich nach der Art der bevorstehenden taktischen Übung.

Im sechsten Ausbildungskomplex bereitete sich die Raketenbrigade bzw. die Raketenabteilung auf die taktische Übung vor. Es wurden einzelne Elemente der taktischen Übung unter komplizierten Bedingungen (Schutzausrüstung, bei Nacht, mit verringertem Personalbestand) trainiert und die Mängel der Zulassungsüberprüfung beseitigt.

Zulassungsüberprüfungen zu den Übungen

Im Mai 1962 wurde auf Befehl des Ministers für Nationale Verteidigung mit der Aufstellung von Raketeneinheiten in den Landstreitkräften begonnen. Anfang 1963 erfolgten erste taktische Übungen, zunächst noch ohne Gefechtsstart. Zur Vorbereitung dieser Übungen gehörte zwingend die Zulassungsüberprüfung nach sowjetischem Muster. Sie wurde anfangs auch von sowjetischen Kontrolloffizieren bewertet. Mit der Herausgabe der Dienstvorschrift 11/3 und der DV-11/4 im August und im September 1963 gab sich die Nationale Volksarmee die rechtlichen Voraussetzungen, Zulassungsüberprüfungen in Eigenregie vorzunehmen. Die ersten Zulassungsüberprüfungen erfolgten im Ausbildungsjahr 1963/64.

Durch den Leitenden der Übung wurden die Kenntnisse aller Offiziere und Unteroffiziere sowie eines Drittels der Soldaten über ihre Dienstpflichten, den Aufbau der Geräte und der Munition und die Nutzung der entsprechenden technischen Kampfmittel, an denen sie ausgebildet wurden, überprüft. Die praktischen Fertigkeiten in der Erfüllung der Dienstpflichten wurden in einem Komplexunterricht der Einheiten überprüft. In der Raketenbrigade operativ-taktischer Bestimmung wurden lediglich die Raketenabteilungen und Technischen Batterien geprüft. Zu den taktischen Übungen mit Gefechtsschießen wurden nur jene Einheiten zugelassen, die bei der Überprüfung der praktischen Fertigkeiten mindestens die Note »Gut« erhielten.

Das traf auch auf die Raketenabteilungen taktischer Bestimmung zu.

Ab 1966 wurden die Zulassungsüberprüfungen um eine dritte Bedingung, den Zustand der Raketentechnik und Ausrüstung, erweitert, und ihre Bewertung erfolgte durch die Zentrale Kontrollgruppe des Chefs der Raketentruppen und Artillerie des Ministeriums für Nationale Verteidigung. Auch die Bewegliche Artillerietechnische Basis (ab 1967 Bewegliche Raketentechnische Basis) wurde einer Zulassungsüberprüfung unterzogen.

Die Überprüfung der theoretischen Kenntnisse erfolgte jetzt nach einem vom Chef der Raketentruppen und Artillerie herausgegebenen Fragenkatalog. Bei der Überprüfung der praktischen Fertigkeiten musste jede zu überprüfende Einheit zwei Aufgaben, davon eine im verkürztem Bestand, erfüllen. Die Überprüfung des Zustandes der Raketentechnik und Ausrüstung beinhaltete den technischen Zustand und die Wartung. Sie wurden nach der gültigen DV-41/45 bewertet. Die Raketenbrigade operativ-taktischer Bestimmung und Raketenabteilung taktischer Bestimmung waren zur taktischen Übung mit und ohne Gefechtsstart zugelassen, wenn sie bei der Überprüfung bzw. Nachprüfung mindestens mit der Note »Gut« bewertet wurden.

Ab 1970 wurde die vierte Bedingung, Schutzausbildung, in die Überprüfung einbezogen

In dieser Form wurden die Zulassungsüberprüfungen bis zur Abwicklung der Raketentruppen der Landstreitkräfte der Nationalen Volksarmee 1990 beibehalten, jedoch bekamen die vier Bedingungen im Lauf der Jahre durch ihre veränderte Reihenfolge eine andere Bedeutung. Nach der im Juni 1989 in Kraft gesetzten letzten Dienstvorschrift, der DV 326/0/018, bewertete der Leitende der Übung die Bereitschaft des Führungsorgans zur Führung der Einheiten und ließ durch die Kontrollgruppe des Chefs Raketentruppen und Artillerie der Landstreitkräfte folgende vier Bedingungen überprüfen:

1. Zustand der Raketentechnik und Ausrüstung
2. Praktische Fertigkeiten der Einheiten
3. Theoretische Kenntnisse der Armeeangehörigen
4. Stand der Normerfüllung in der Schutzausbildung.

Der Zustand der Raketentechnik und Ausrüstung wurde nach den Festlegungen der Anleitung A 050/1/008 bewertet.

In den Raketentruppenteilen gehörten zur Bewaffnung:

1. Raketen
2. Prüf- und Startausrüstung für Raketen
3. Hebe- und Transportausrüstung, Elektroaggregate und Verdichter

4. Funkmesstechnik

5. Artillerietechnische Geräte.

In den Truppenteilen wurden der technische Zustand und die Wartung geprüft. Vom strukturmäßigen Bestand waren etwa 75

Startbatterie operativ-taktischer Raketen in Bereitschaft

Prozent der Geräte zur Kontrolle vorzustellen. Die Bewertung des technischen Zustands und die der Wartung bildeten die Grundlage für die Bewertung der Raketenbrigade oder Raketenabteilung. Bei den praktischen Fertigkeiten wurde überprüft:
- mindestens zwei Aufgaben zur Vorbereitung und Führung von Raketenschlägen (Feueraufgaben) je Feuerzug,
- mindestens zwei Aufgaben zur Vermessung der Startstellungen (Vermessungsaufgaben) je Startbatterie,
- mindestens drei Aufgaben (technische Aufgaben) der technische Batterie der Raketenabteilung operativ-taktischer Bestimmung,
- mindestens zwei Aufgaben (technische Aufgaben) des technischen Zuges der Raketenabteilung taktischer Bestimmung,
- mindestens zwei Aufgaben (Sondierungen) jedes meteorologischen Zuges.

Bedingungen zur Bewertung der praktischen Fertigkeiten:
1. Erfüllung der Feueraufgaben,
2. Erfüllung der Vermessungsaufgaben,
3. Erfüllung der technischen Aufgaben,
4. Erfüllung der Sondierungen

Die theoretischen Kenntnisse wurden entsprechend der Richtlinie des Chefs Raketentruppen und Artillerie der Landstreitkräfte geprüft. Von den Offizieren, Fähnrichen und Unteroffizieren hatten sich mindestens 90 Prozent der Überprüfung zu stellen.

Bei der Überprüfung der theoretischen Kenntnisse war unschwer die veränderte Gewichtung im Laufe von 26 Jahren zu erkennen. Waren 1963 noch ein Drittel aller Soldaten zu überprüfen, brauchten 1989 die Soldaten nicht mehr zur Theorieüberprüfung anzutreten.

Kontrollgruppen der Raketentruppen

Die Zentrale Kontrollgruppe der Raketentruppen wurde mit dem Befehl-Nr. 186/64 des Ministers für Nationale Verteidigung der DDR am 1. August 1965 gebildet. Sie war eine selbständige Einheit am Standort Stallberg und unterstand dem Chef Artillerie des Ministeriums. Zu ihr gehörten elf Offiziere und zwei Militärkraftfahrer.

Bereits vor der Bildung der Raketentruppen operativ-taktischer Bestimmung existierte eine nichtstrukturmäßige Kontrollgruppe beim Chef Artillerie des Ministeriums. Sie wurde bei Bedarf zu Zulassungsüberprüfungen und operativ-taktischen Übungen der selbständigen Artilleriebrigade 2 herangezogen und wurde von Oberst Trost geleitet. Zu dieser nichtstrukturmäßigen Kontrollgruppe gehörten die Offiziere Kusch (Triebwerkseinrichtung), Horst Mittelstedt (Anfangsangaben), Ludwig Müller (Lenkeinrichtung, elektrische Ausrüstung), Manfred Glaewe (Meteorolo-

Die Kontrollgruppe 1969 vor einer startbereiten Rakete 8K11

gie), Bernd Holland-Letz (Vermessung, Anfangsangaben, autonome Überprüfung), Ulrich Schumann (Anfangsangaben) und Heinz Rauer (Prüfeinrichtung, Lenkeinrichtung).

Der nichtstrukturmäßigen Kontrollgruppe folgte am 1. November 1964 die Kontrollgruppe beim Kommandeur der selbständigen Artilleriebrigade 2 unter Leitung von Oberstleutnant Hans-Joachim Marschner. Ihr gehörten Offiziere an, die bereits in der nichtstrukturmäßigen Kontrollgruppe tätig waren. Leiter war Oberstleutnant Kuno Fischer.

Diese Kontrollgruppe bildete am 1. August 1965 die Zentrale Kontrollgruppe der Raketentruppen beim Chef der Raketentruppen und Artillerie des Ministeriums, Leiter blieb Oberstleutnant Kuno Fischer. Mit der Bildung des Kommandos Landstreitkräfte wurde sie zur Kontrollgruppe des Chefs der Raketentruppen und Artillerie der Landstreitkräfte und hatte ihren Standort in Potsdam. Die Oberstleutnante Hannes Gatzemann, Siegfried Fechner, Siegfried Messinger, Dietmar Kühn, Günter Altmann, Wilhelm Lorenz, Helmut Fritzsche, Horst-Rüdiger Schwarzer und Walter Rehn gehörten zu den ersten Offizieren der Zentralen Kontrollgruppe.

Nach Abschluss eines Lehrgangs 1965 und der Überprüfung durch die sowjetische Kontrollgruppe hatte sie die Aufgabe, die Zulassungsüberprüfung zur operativ-taktischen Übung mit Gefechtsstart in einer sowjetische Raketenbrigade auf dem Staatspolygon Kapustin Jar durchzuführen. Die sowjetische Raketenbrigade bestand die Zulassungsüberprüfung jedoch nicht. Die sowjetischen Partner erkannten das Urteil der NVA-Offiziere an. Erst im zweiten Anlauf bestand sie.

Die Zusammenarbeit der Kontrollgruppe des Chefs der Raketentruppen und Artillerie der Landstreitkräfte mit der sowjetischen Kontrollgruppe auf dem Staatspolygon Kapustin Jar war von herzlicher Kameradschaft gekennzeichnet. Sie gründete auf einem hohen theoretischen Wissen und großen praktischen Fertigkeiten, zwischen beiden Kontrollgruppen herrschte reger Erfahrungsaustausch. Es gab in über 25 Jahren keinen Fall, bei dem die Ent-

Oberstleutnant Heinz Rauer kontrolliert die Handlungen des Offiziers Lenkeinrichtung bei der Prüfung des Trägers 8K14

scheidung der deutschen Kontrollgruppe durch die sowjetische Kontrollgruppe infrage gestellt wurde. Dies ist ein Zeugnis gegenseitigen Vertrauens. Die engen persönlichen Beziehungen zu den sowjetischen Offizieren werden zum Teil noch heute gepflegt.

Teilnahme der Raketentruppen an Paraden der NVA

Die Paraden[3] der Nationalen Volksarmee waren ein fester Bestandteil der Militärpolitik der Deutschen Demokratischen Republik. Sie wirkten sowohl nach innen als auch nach außen und spielten in der Systemauseinandersetzung eine nicht unwesentliche Rolle. Nach der Einführung der Raketentechnik in die Bewaffnung der NVA nahmen auch Teile der Raketentruppen der Landstreitkräfte an den Paraden teil.

In der Zeremonienordnung der Nationale Volksarmee hieß es dazu: »Die Parade ist ein militärisches Zeremoniell. Sie ist die höchste Form militärischer Ehrenbezeigung. Für die Angehörigen der Nationale Volksarmee ist die Teilnahme an Paraden eine Ehre und Auszeichnung.«

Die NVA führte vom 1. Mai 1956 bis zum 7. Oktober 1989 insgesamt 38 Paraden in der Hauptstadt der DDR durch. Bis 1976 fanden die Paraden im Mai statt. Zusätzliche Paraden erfolgten 1964 am 7. Oktober zum 15. Jahrestag der Deutschen Demokratischen Republik; 1967 am 29. Oktober zusammen mit der Gruppe der Sowjetischen Streitkräfte in Deutschland zum 50. Jahrestag der Großen Sozialistischen Oktoberrevolution; 1969 am 7. Oktober zum 20. Jahrestag der DDR und 1974 am 7. Oktober zum 25. Jahrestag der DDR. 1965 erfolgte die Parade am 8. Mai zusammen mit der Gruppe der Sowjetischen Streitkräfte in Deutschland aus Anlass des 20. Jahrestages der Befreiung vom Hitlerfaschismus. Ab 1977 wurde die Parade nur zum Jahrestag der DDR am 7. Oktober durchgeführt. Bis 1978 paradierte die Nationale Volksarmee auf dem Marx-Engels-Platz, jedoch am 7. Oktober 1974 auf der Karl-Marx-Allee. Ab 1979 fand die Parade nur noch auf der Karl-Marx-Allee in Berlin statt.

Oberst a. D. Alfred Bujak, viele Jahre Stabschef des Paradestabes, erinnerte sich, dass es in den 80er Jahren Stimmen gab, die aus Kostengründen forderten, die Parade nur noch alle fünf Jahre stattfinden zu lassen. Eine Parade kostete etwa zehn Millionen Mark, und wenn man den Ausfall der Ausbildungsstunden hinzurechnete, kamen die Paraden uns noch weit teurer zu stehen. Doch die politische Führung des Landes sah keinen Grund, von dieser Tradition zu lassen.

Die Raketentruppen nahmen erstmals am 7. Oktober 1964 mit Einheiten und Truppenteilen aus der selbständigen Artilleriebrigade 2 (ab 1967 5. Raketenbrigade), der selbständigen Artillerieabteilung 8 (ab 1967 Raketenabteilung 8) und der selbständigen Artillerieabteilung 9 (ab 1967 Raketenabteilung 9) an der Parade in Berlin teil. Sie war die bis dahin größte Parade der NVA.

Die selbständige Artilleriebrigade 2 war mit der Kettenstartrampe 8U218, die selbständige Artillerieabteilung 8 und 9 mit der Kettenstartrampe 2P16 daran beteiligt.

Ab 1966 wurde von der selbständigen Artilleriebrigade 2 die neue Kettenstartrampe 2P19 bei der Parade gezeigt.

Die Startrampen 8U218 und 2P19 rollten letztmalig am 1. Mai 1973 über den Marx-Engels-Platz.

Die nächste große Parade für die Raketentruppen war die Parade am 7. Oktober 1969. Sowohl die 5. Raketenbrigade als

Zur Parade vor einer Startrampe 8U218, 1966

auch die Raketenabteilung 1, Raketenabteilung 8, Raketenabteilung 9 zeigten ihre neue Hauptbewaffnung auf Rädern.

Nach dem Umzug der Raketenabteilung 1 von Brück nach Groß-Behnitz im Jahr 1967 nahm auch die Raketenabteilung 1 an den Paraden teil.

Das Marschband taktischer Raketen bestand aus sechs Startrampen 9P113 und sechs Raketentransportfahrzeugen 9T29, beide Gerätetypen wurden 1968 in die taktischen Raketenabteilungen eingeführt. Die 5. Raketenbrigade war mit vier Startrampen 9P117M beteiligt, welche den MAZ-543 als Basisfahrzeug hatten. Dazu kamen vier Kettenstartrampen 2P19, vier Raketentransportfahrzeuge 8T137 und vier Raketentransportfahrzeuge 2T3 bzw. 2T3M, das bis dahin längste Marschband.

Den absoluten Höhepunkt bei 29 Teilnahmen der Raketentruppen an der Parade in Berlin verzeichneten wir 1974 – ein gewaltiges Aufgebot, dass selbst die 5. Raketenbrigade unterstützende Hilfe von der Raketentechnischen Basis 2 in Brück anfordern musste. Insgesamt waren zwei Führungsfahrzeuge (Gelände-

Startrampe 9P113 mit Rakete 9M21 LUNA M zur Parade in Berlin, im Hintergrund das Rote Rathaus

fahrzeug UAZ 469), sechs Startrampen taktische Raketen, sechs Raketentransportfahrzeuge taktische Raketen, 14 Raketentransportfahrzeuge operativ-taktische Raketen und vier Startrampen operativ-taktische Raketen beteiligt, alles Räderfahrzeuge. Sie bildeten das längste Marschband der Raketentruppen, das jemals zusammengestellt wurde: 638 Meter. Bei einer befohlenen Marschgeschwindigkeit von 18 km/h rollte es 128 Sekunden an der Ehrentribüne vorüber.

Ab 1975 stellte die 5. Raketenbrigade keine Raketentransportfahrzeuge mehr für die Parade, so dass die Formation des Marschbandes »Raketentruppen« bis 1988, mit geringen Abweichungen, in der Anzahl immer gleich war – ausgenommen 1984, bei der sechs Startrampen operativ-taktische Raketen gezeigt wurden. An der letzten Parade der NVA 1989 nahm statt der 5. Raketenbrigade das Küstenraketensystem »Rubesch« teil.

1983 erhielten die Raketentruppen der Landstreitkräfte das neue Raketensystem »Totschka«, disloziert in der Raketenabteilung 9 in Spechtberg und 1985 das neue Raketensystem »Oka«,

Am 7. Oktober 1989, zum 40. Jahrestag der DDR, fand die letzte Militärparade statt

disloziert in der 5. Raketenbrigade in Demen. Beide Raketensysteme wurden nie bei Paraden gezeigt. Die Startrampen ließen eine Bewegung mit erhobener Rakete nicht zu. Lediglich mit geschlossenen Startrampen durch die Karl-Marx-Allee zu fahren, wurde abgelehnt. Es hätten ähnliche technische Veränderungen an den Startrampen vorgenommen werden müssen, wie es die Sowjetarmee bei ihren Vorführungen auf dem Roten Platz tat. In der Nationale Volksarmee wollte jedoch niemand die Verantwortung für eventuell auftretende Nutzungseinschränkungen übernehmen.

Für die Vorbereitung und Durchführung der Parade in Berlin war immer der Militärbezirk V verantwortlich. Daher kamen auch meist die Raketentruppen des Militärbezirk V zum Einsatz. Am 7. Oktober 1979 musste die 3. Raketenbrigade des Militärbezirk III für die 5. Raketenbrigade einspringen, da diese zu spät von ihrer taktischen Übung aus der kasachischen Steppe zurückkam.

Hauptmann a. D. Hans-Dieter Augusti, Offizier operative Arbeit in der II. Raketenabteilung der 5. Raketenbrigade erinnerte sich an die Vorbereitung der Parade zum 7. Oktober 1982. »Zu Beginn der zweiten Ausbildungshalbjahr 1981/82 wurde seitens des Kommandeurs der 5. Raketenbrigade festgelegt, wer an der Parade teilzunehmen hat. Verantwortlich für diese Paradeeinheit zeichnete in der Regel der Stellvertreter des Kommandeurs Technik und Ausrüstung der 5. Raketenbrigade.

In Demen wurde von ihm eine Dienstversammlung durchgeführt, um alle Teilnehmer auf die bevorstehende Aufgabe einzuschwören: Kampf um die Wettbewerbsfahne ›Bester Marschblock Raketentruppen‹.

Die Hauptlast 1982 trug die II. Raketenabteilung der 5. Raketenbrigade. Sie setzte ihre vier Startrampen 9P117M1 ein. Die Reservestartrampe, einschließlich der vierköpfigen Besatzung, kam von der I. Raketenabteilung.

Zum Autobahntraining fuhren elf Offiziere, ein Fähnrich, zwölf Unteroffiziere und 19 Soldaten, also insgesamt 43 Armeeangehörige. An Technik wurde mitgeführt vier Startrampen 9P117M, ein Kran 9T31, ein Versorgungs-Lkw URAL, ein Führungsfahrzeug UAZ-469, ein Wasch- und Neutralisationsfahrzeug 8T311, ein Verpflegungsfahrzeug LO 2002 VTE mit Feldküche und ein 5-Tonnen-Hänger E5. Zusätzlich von der 5. Raketenbrigade wurden bereitgestellt ein Werkstattfahrzeug URAL und ein Pkw für den Stellvertreter des Kommandeurs Technik und Ausrüstung mit Kraftfahrern und Beifahrern. Alles in allem nahm also mehr als ein halbes Hundert Armeeangehörigen am Autobahntraining teil.

Anfang September wurde begonnen, die Technik auf die Parade vorzubereiten. Dazu erfolgte die Technische Wartung Nr. 2. Da später die an der Tribüne vorbeirollende Technik einen neuen Farbanstrich erhalten sollte, wurden Beschädigungen bereits zugespachtelt. Die Lackierung erfolgte nach der Rückkehr vom Autobahntraining.

Am Nachmittag des 9. September 1982 setzte sich das Vorkommando der 5. Raketenbrigade in Marsch. Die fünf Startrampen 9P117M mit Lehrtrainingsraketen 8K14U, der Kran 9T31 und das Wasch- und Neutralisationsfahrzeug 8T311 wurden am 13. September 1982 in der Zeit von 15.30 Uhr bis 17.30 Uhr auf dem Bahnhof Dabeln verladen. Dazu wurden zwei Mannschafts-

Paradetraining auf der Autobahn

Hauptmann Hans-Dieter Augusti beim Paradetrainig auf der Autobahn: Zweiter von links

waggons HKT und 6 Schwerlastwaggons Sa von der Bahn bereitgestellt. Die Panzerjägerabteilung 5 erhielt einen Mannschaftswaggon HKT und vier Schwerlastwaggons.

Die 5. Raketenbrigade wurde in der Regel am Großen Plessower See bei Potsdam jenseits der Autobahn untergebracht. Der Raum nordwestlich der Autobahn wurde den taktischen Raketeneinheiten unter der Verantwortlichkeit der Raketenabteilung 1 zugewiesen.

Das Vorkommando errichtete das Zeltlager für die Angehörigen der 5. Raketenbrigade auf einem Parkplatz unmittelbar am Großen Plessower See. Gleichzeitig mussten die Verpflegungsversorgung und auch die Wachgestellung gesichert werden. Zwischen dem Zeltlager der 5. Raketenbrigade und dem Zeltlager der Raketenabteilung 1 bestand ein Fußweg unter der Autobahnbrücke »Großer Plessower See«.

Das Autobahntraining für die 5. Raketenbrigade und der Raketenabteilung 1 wurde auf dem Abschnitt von der Autobahnbrücke »Großer Plessower See« bis zur Autobahnabfahrt Groß Kreutz durchgeführt. Für die Zeit des Trainings aller Paradeeinheiten auf der Autobahn wurde der Abschnitt von Potsdam-Nord bis kurz vor dem Dreieck Werder für den öffentlichen Verkehr gesperrt. (1982 gab es noch keine Anbindung dieses Autobahnabschnittes an die Autobahn A2.)

Am 14. September 1982 um 1.50 Uhr traf der Zug mit den Hauptkräften der 5. Raketenbrigade und der Panzerjägerabteilung 5 auf dem Bahnhof Satzkorn ein. Bis 4 Uhr musste die Entladung beendet sein. Die Hauptkräfte wurden vom Vorkommando am Bahnhof in Empfang genommen und bis zum Trainingsabschnitt begleitet. Dadurch sollte verhindert werden, dass sich die westlichen Militärverbindungsmissionen den Startrampen näherten. Das Vorkommando hatte auch schon den Trainingsabschnitt präpariert, ein 5-Tonnen-Hänger E5 war als provisorische Ehrentribüne hergerichtet.

Bevor mit dem Training begonnen wurde, durchfuhren die Startrampen mehrmals mit Höchstgeschwindigkeit die Trainingsstrecke. Das diente dem Freibrennen der Auspuffanlage und sollte dicke Qualmwolken in Berlin verhindern. Dieses Freibrennen stand in keiner Anordnung, war aber ein Erfahrungswert der Parateilnehmer aus der 5. Raketenbrigade und hat sich als richtig

Feldparade in Magdeburg, 1970. Taktische Startrampen 9P113 defilieren durch die Elbestadt

erwiesen. Auf dieses Fahren mit Höchstgeschwindigkeit freuten sich die Fahrer wochenlang.

Desweiteren wurden Hilfsmittel zum Bestimmen der Seitenrichtung und des Abstandes an den Fahrzeugen angebracht. Einzeln fahrende Führungsfahrzeuge UAZ wurden mit Drehzahlmessern ausgerüstet, um die Geschwindigkeit von 18km/h auch exakt einzuhalten.

Der Trainingsabschnitt war 120 Meter lang – wie die Strecke vor der Ehrentribüne in Berlin. Das Durchfahren dieses Abschnittes dauerte bei 18 km/h genau 24 Sekunden. Beim Training wurden Meldeposten aufgestellt. Sie zeigten den Stoppuhrträgern durch Heben einer Flagge das Passieren der entsprechenden Trainingsabschnitte an. Zur Kontrolle der Seitenrichtung und des Abstandes wurden Meldeposten eingesetzt.

Das »Generals-Auge« auf der Tribüne achtete auf Kopfhaltung und Blickwendung der Besatzungen der Führungsfahrzeuge und aller weiteren Begleitern. Den Abschluss des Autobahntrainings bildete die »Abnahme der Geschlossenheit auf der Autobahn« durch den Chef Landstreitkräfte, Generaloberst Horst Stechbarth. Dem gingen Einzelabnahmen der Räder- und Kettentechnik voraus.

Unmittelbar nach der Abnahme begaben sich die Paradeeinheiten in ihre Heimatobjekte zurück. Die Raketenabteilung 1 und die zukommandierte Paradetechnik der anderen Raketenabteilungen wurde per Landmarsch in das Objekt der Raketenabteilung 1 nach Groß-Behnitz verlegt. In den Heimatobjekten erhielten nun alle Fahrzeuge und Raketen einen neuen Farbanstrich.

Am 28. September 1982 verlegten die Hauptkräfte der 5. Raketenbrigade und der Panzerjägerabteilung 5 per Bahn nach Berlin, das Vorkommando war schon Tage vorher per Landmarsch in die Hauptstadt aufgebrochen. Die Abfahrt des Transports Nr. 161329 erfolgte um 5 Uhr vom Bahnhof Borkow, Ankunft und Entladung war im Verlaufe des Abends im Bahnhof Berlin-Rummelsburg. Wie immer wurde die Paradetechnik von der Berliner Polizei sicher und ohne Vorkommnisse ins Paradeobjekt, die Kaserne des Grenzregiments 33 in Treptow, reguliert.

Die Zeit bis zur Vorprobe am 2. Oktober um 22 Uhr wurde intensiv zu Wartung, Reinigung und Pflege der Paradetechnik genutzt. Jetzt wurden auch die Reifen schwarz gespritzt.

Am 4. Oktober erfolgte ab 22 Uhr die Hauptprobe.

Danach wurden die Paradetechnik betankt und die Tanks verplombt.

Vor der Parade am 7. Oktober wurden noch Belobigungs- und Beförderungsbefehle verlesen.

Unmittelbar nach der Parade verließen alle das Paradeobjekt. Die Hauptkräfte reisten per Bahn, ein oder zwei Tage später folgte das Nachkommando per Landmarsch.

Ich nahm 1982 – wie schon einmal vier Jahre zuvor – als Fahnenbegleiter im Führungsfahrzeug des Kommandeurs der 5. Raketenbrigade an der Parade teil. Insgesamt nahm ich an sieben Paraden teil – zwei Mal bei den Fußtruppen und fünf Mal als Angehöriger der 5. Raketenbrigade.«

Die Raketentruppen nahmen auch an Feldparaden nach Manövern der NVA teil. 1970 und 1980 fanden solche in Magdeburg nach gemeinsamen Manövern der Vereinten Streitkräfte des Warschauer Vertrages statt.

An der Feldparade, die im Anschluss von »Waffenbrüderschaft 80« durch Magdeburg rollte, nahm auch Major Kurt Schmidt teil. Er erinnert sich: »Die 3. Raketenbrigade hatte zur Teilnahme an dieser Feldparade vier Startrampen 9P117M mit Lehrtrainingsraketen 8K14U und ein Führungsfahrzeug (Geländewagen UAZ 469) zu stellen. Ich wurde vom Kommandeur der 3. Raketenbrigade, Oberst Friedrich Peters, als Verantwortlicher und Kolonnenführer für die Paradeteilnehmer eingesetzt. Für die technische Sicherstellung sorgte Oberstleutnant Wolfgang Richter, und für die politische Arbeit war Major Klaus Kozok verantwortlich.

Die Verlegung der Paradetechnik von Tautenhain in Thüringen nach Magdeburg erfolgte per Bahn. Das Feldlager befand sich vor den Toren Magdeburgs. Die Vorbereitung des Personals und der Technik unterschied sich nicht von anderen Paraden. Vom Zeltlager bis zum Abstellplatz der Technik lag eine Strecke von etwa

Feldparade in Magdeburg nach dem Manöver »Waffenbrüderschaft«

drei Kilometern. Der Tagesablaufplan sah Ausbildung und Arbeiten an der Technik vor, es war daher selbstverständlich, dass der An- und Abmarsch mit Gesang erfolgte. Eines der meist gesungenen Lieder war: ›Hoch auf dem gelben Wagen‹. Die ›Vereinte Raketenbrigade‹, in der ich die vier Startrampen 9P117M im Führungsfahrzeug anführte, bildete den Abschluss der Feldparade und ist für mich ein bleibendes angenehmes Erlebnis.«

Übungen mit und ohne Gefechtsstarts

Ein besonderer Höhepunkt im Ausbildungsjahr war die taktische Übung mit Gefechtsstart. Die 3. und 5. Raketenbrigade absolvierten diese ab 1976 alle zwei Jahre in den Monaten August/September. In den geraden Jahren fand die Übung der 3. Raketenbrigade und in den ungeraden Jahren die der 5. Raketenbrigade statt. Im Allgemeinen waren an der operativ-taktischen Übung jede zweite Startrampe mit der dazu gehörenden Technik auf dem Staatspolygon in der Sowjetunion beteiligt. Die Übungen ohne Gefechtsstart wurden unter dem Namen GELEIT + Jahreszahl, EILBRIEF + Jahreszahl oder anderen in den Monaten März/April des anderen Jahres im vollen Bestand auf dem Territorium der DDR in den vorgesehenen Handlungsräumen durchgeführt.

Die Raketenbrigade absolvierte die operativ-taktische Übung mit Gefechtsstart auf dem sowjetischen Staatspolygon Kapustin Jar im Astrachaner Gebiet östlich von Wolgograd. Die operativ-taktischen Übungen mit Gefechtsstart trugen von 1964 bis 1969 die Namen von Himmelskörpern: KOMET-64, METEOR-65, JUPITER-66, SATURN-67, URANUS-68 und PLUTO-69. Von 1970 bis 1976 erhielten sie den Namen MERKUR + Jahreszahl und ab 1977 den Namen JUPITER + Jahreszahl (z. B.: MERKUR-76, JUPITER-85).

An Planung und Vorbereitung der operativ-taktischen Übung der Raketenbrigade mit Gefechtsstart waren alle Führungsebenen beteiligt, vom Ministerium bis zum teilnehmenden Feuerzug. Das lag an dem großen logistischen Aufwand. Personal, Technik und Material mussten dreieinhalbtausend Kilometer hin- und wieder zurücktransportiert werden. Und vor Ort mussten alle vollständig versorgt werden. Es gab in den vier Wochen eine eigene materielle, rückwärtige, medizinische, nachrichtentechnische und technische Sicherstellung. Zu den Übungsteilnehmern gehörten auch Teile der Beweglichen Raketentechnischen Basis, die Kontrollgruppe des Chefs der Raketentruppen und Artillerie der Landstreitkräfte sowie Sicherstellungseinheiten des Leitungsstabes des Kommandos des Militärbezirkes, welche ebenfalls in den Übungsraum verlegt werden mussten.

Der Planungsprozess gliederte sich in verschiedene Elemente. Erarbeitet wurden

- der Plan der operativ-taktischen Übung
- der Plan der technischen und materiellen Sicherstellung
- der Plan der rückwärtigen und medizinischen Sicherstellung
- der Plan für den Eisenbahntransport
- der Plan der Verlegungen gemäß Fahrplan der DR
- Verladepläne für die Eisenbahntransporte
- Verladepläne für die sowjetische Staatsbahn
- Visafragen des Personals, es wurden Staatsgrenzen passiert

• Tagesdienstablaufpläne und Dienstpläne für die Zeit der Eisenbahntransporte usw.

Der Planungsprozess endete erst mit der Rückkehr aller teilnehmenden Einheiten in der heimatlichen Kaserne.

In Vorbereitung auf Kapustin Jar erhielt jeder Übungsteilnehmer, vom Soldaten bis zum General, die Schutzimpfung »020«. Die Prophylaxe für die kasachische Steppe wurde als »Pestspritze« bezeichnet, weil es nach der Injektion regelmäßig zu krankhaften Reaktionen kam, die aber nach wenigen Tagen überwunden waren.

Außerdem wurde ein Friseurbesuch befohlen, da es in der Steppe keinen gab. Die raspelkurze Frisur verriet allen, die sich damit auskannten, wohin die Reise ging.

Die Verlegung per Eisenbahntransport erfolgte in zwei Etappen, was an den unterschiedlichen Spurbreiten lag. Die erste Etappe in sechs oder sieben Zügen ging vom Verladebahnhof in der Nähe der Standorte Stallberg, Demen, Tautenhain oder Jena nach Brest. Dort wurde umgespurt. Die zweite Etappe mit vier bis

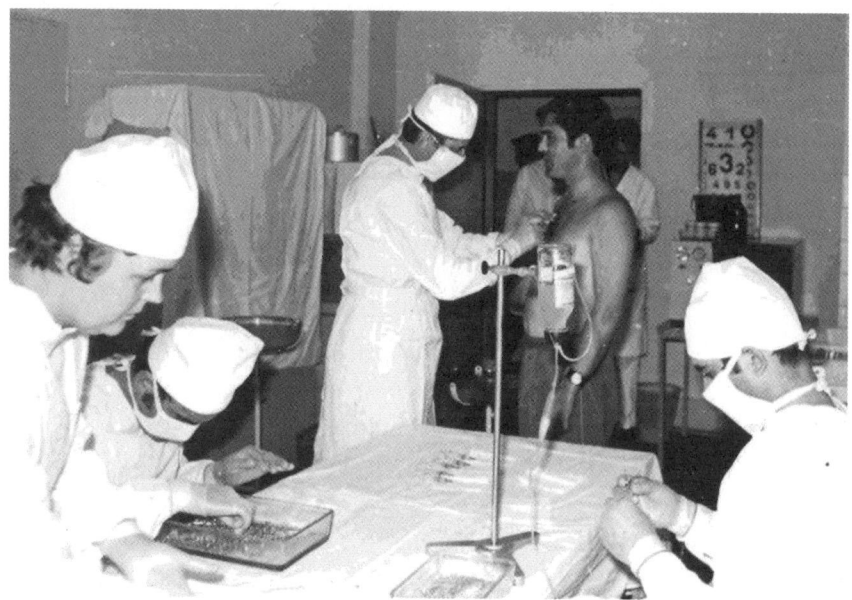

Vor der Übung gab's die Sonderimpfung »020«: die Pestspritze

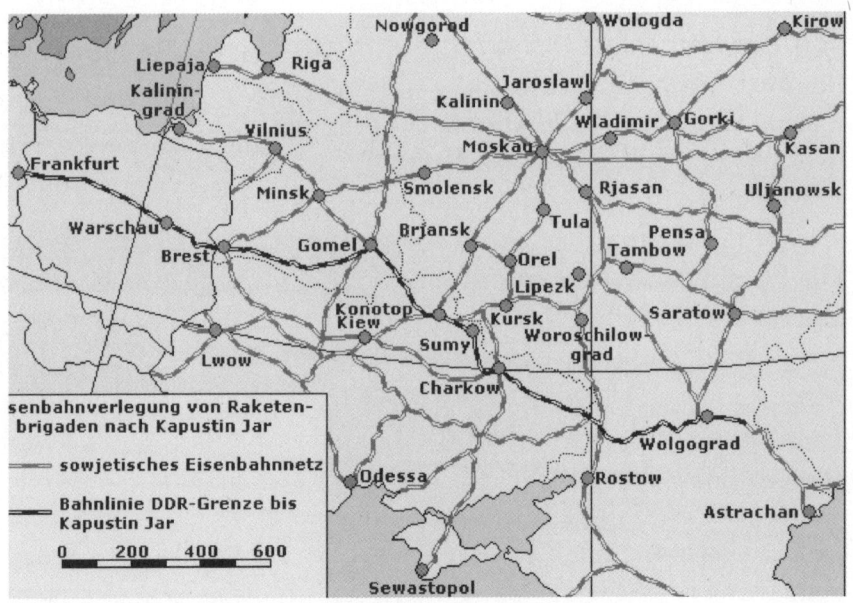

Von Frankfurt/Oder nach Wolgograd auf der Schiene

sechs Zügen ging über Gomel, Sumi, Charkow, Lichaja, Rostow am Don, Wolgograd bis zum Entladebahnhof des Staatspolygon Kapustin Jar. Die erste Etappe dauerte zwei bis drei Tage, die zweite Etappe vier bis sieben Tage.

Die mehrtägige Fahrt wurde für die Vorbereitung der operativ-taktischen Übung und zur Ausbildung genutzt. Ein Tagesdienstplan regelte den Ablauf. Der Transportleiter sorgte gemeinsam mit den Diensthabenden und der Zugwache für die Sicherheit und die Einhaltung des Tagesdienstablaufplanes. In Abhängigkeit vom Personalbestand des Transportes wurde die Ausbildung entsprechen dem Dienstplan durchgeführt. Neben diesen Maßnahmen blieb Zeit für Persönliches und Blicke auf die Landschaft. Bei längerem Halt war es möglich, dass man sich die Füße im Freien vertrat. Beim Passieren der Staatsgrenze wurde der Personalbestand nach Reiseliste überprüft. Gegenüber der Kontrolle an der deutsch-polnischen Grenze war die an der polnisch-sowjetischen Grenze um einiges strenger. In Brest hatte man 12 bis 24 Stunden Zeit zum Umladen. Die Entladung des Zuges erfolgte in weniger als einer Stunde. Die dadurch gewonnene Zeit nutzte man für Exkursionen zur Heldenfestung und in die Stadt Brest.

Hauptmann Gerd Fischer, Offizier operative Arbeit der I. Raketenabteilung der 3. Raketenbrigade, erinnerte sich an eine solche Exkursion:

»Der erste Besuch in der Heldenfestung hinterließ bei mir ein Gefühl der Scham über die Verbrechen der deutschen Faschisten. Erstens waren wir Deutsche, und zweitens war die NVA-Uniform jener der deutschen Wehrmacht entlehnt. Die uns entgegengebrachte Freundlichkeit der Bevölkerung empfanden wir darum als wohltuend. Eine Museumsmitarbeiterin erläuterte die Gedenkstätte und berichtete über das Geschehen im Sommer 1941.

Mich berührten die Ruinen und die Katakomben, in denen bis zum Fall der Heldenfestung verwundete Soldaten und Frauen litten. Das Foto vor der Plastik des Wasserholers sollte für unsere Gruppe eine bleibende Erinnerung an die Ereignisse in der Heldenfestung Brest bleiben.

Da eine Weiterfahrt mit Waggons der Deutschen Reichsbahn nicht möglich war, wurden in Brest planmäßig Waggons der

Erinnerungsfoto in der Heldenfestung in Brest

sowjetischen Eisenbahn bereitgestellt. Bedingt durch die größere Spurweite, waren die Personenwagen wie auch die Transportwaggons geräumiger, dazu kam noch, dass jeder Personenwagen eine Zugbegleiterin oder Zugbegleiter hatte. Die Anwesenheit der Zugbegleiter gab uns die Möglichkeit, Kontakte zu knüpfen, die eigenen russischen Sprachkenntnisse aufzufrischen und die deutsch-sowjetische Freundschaft mit einem Umtrunk zu feiern.

Die Transportkommandantur ordnete außerdem jedem Transport noch zwei sowjetische Offiziere als Begleiter zu. Sie hatten für einen reibungslosen Verlauf der Fahrt zu sorgen, die Verbindung zu den Behörden zu halten und bei Vorkommnissen zu helfen. Es kam bisweilen vor, dass ein Wachposten oder ein anderer Mitreisender zurückblieb, dann waren die Begleitoffiziere gefragt.

Eine andere Sache waren die Kupplungen der sowjetischen Waggons. Sie, die Klauen-Kupplungen, waren eine Besonderheit der sowjetischen Waggons.

Ihre Wirkung machte sich besonders bei der Anfahrt des Zuges oder bei abrupten Geschwindigkeitsänderungen bemerkbar und führte nicht selten zum Verschütten oder Umkippen von Suppen oder Trinkgefäßen. Spätestens nach dem dritten Ruckeln hatte man sich darauf eingestellt. Bei jedem längeren Halt kontrollierten wir darum die Technik und ihre Standfestigkeit.

Den Besuch in der Brester Gedenkstätte habe ich auch dafür genutzt, in meine Armbanduhr das Jahr des Aufenthalts eingravieren zu lassen.«

Die Abfahrt in Brest setzte den Tagesdienstablaufplan und den Dienstplan wieder in Kraft und regelte die Zeit bis zum Eintreffen auf dem Staatspolygon Kapustin Jar.

Staatspolygon Kapustin Jar

Im Mai 1946 bestimmte die Sowjetregierung ein riesiges Gebiet östlich der Wolga zum Raketentestgelände.

Am 3. Juni 1947 erklärte sie das Territorium zum Staatspolygon, benannte es nach dem Ort Kapustin Jar und ernannte Generalmajor Wasil I. Woznjuk zum Kommandanten des Testgeländes.

Im August 1947 begann der Aufbau des ersten Prüfstands nach in Deutschland erbeuteten Zeichnungen und Materialien. Bunker, Unterstände und andere Versorgungseinrichtungen entstanden und eine Eisenbahnverbindung nach Wolgagrad.

Generalmajor Woznjuk meldete am 1. Oktober 1947, dass mit der Erprobung ballistischer Raketen begonnen werden könne.

Karte des sowjetischen Staatspolygons Kapustin Jar

Die erste Lieferung von in Deutschland erbeuteten und komplettierten Raketen A4 traf am 14. Oktober 1947 auf dem Staatspolygon Kapustin Jar ein. Die erste ballistische Großrakete hob am 18. Oktober 1947, 7.47 Uhr Ortszeit, vom Starttisch ab. Sie erreichte eine Höhe von 86 Kilometer und flog 274 Kilometer weit. Die Abweichung vom Ziel betrug 30 km.

In den folgenden zehn Jahren war das Staatspolygon Kapustin Jar das einzige Testgelände für ballistische Raketen in der Sowjetunion. Alle später in den Streitkräften eingeführten Raketen – von der R1 bis zur im Westen gefürchteten RSD 10 PIONER (NATO-Code: SS 20) – wurden dort getestet.

In den Jahren von 1957 bis 1962 diente das Staatspolygon auch der Erprobung von Raketen der Luftverteidigung mit Kernspaltungspreng- (Atomspreng-) bzw. Kernsynthesespreng-Köpfen (Wasserstoffspreng-Köpfen). Sie dienten der Erforschung der physikalischen Wirkung der Detonationen in großer Höhe und im kosmischen Raum.

Am Ort des Starts der ersten sowjetischen Großrakete, 1947

Insgesamt wurden auf und vom Staatspolygon Kapustin Jar zehn Tests mit Kernsprengköpfen vorgenommen. Der erste Test erfolgte am 19. Januar 1957 mit einer Luftabwehrrakete. Diese sollte Flugzeuge in größerer Höhe durch Kerndetonation vernichten. Weitere Tests fanden am 1. und 3. November 1958 statt. Der zehnte und letzte Test fand am 2. November 1962 statt. Die Rakete R12 trug einen thermonuklearen Sprengkopf von 300 kt und flog 59 Kilometer hoch.[4]

Der Leitungsstab, der vom Regierungsflughafen Marxwalde (heute Neuhardenberg) über Kiew, Wolgograd nach Kapustin Jar verlegte, bereitete das Truppenlager vor und wies den eintreffenden Einheiten Unterkünfte, die Plätze für Technik und Versorgungspunkte zu.

Die in den Jahren gesammelten Erfahrungen sorgten dafür, dass das Truppenlager rasch bezogen wurde. Die klimatischen Bedingungen – tags brennende Sonne, nachts eisige Kälte –, die fremdartige Landschaft, Wind und Steppenstaub wirkten geichermaßen auf alle, unabhängig von Dienstgrad oder Funktion.

Nachdem das Truppenlager bezogen war, begann die unmittelbare Vorbereitung auf die operativ-taktische Übung. Analog der beim fünften Ausbildungskomplex beschriebenen Zulassungsüberprüfung erfolgte diese durch die sowjetische Kontrollgruppe des Staatspolygons. Die Forderungen unterschieden sich nicht von denen in der Heimat. Die klimatischen und geographischen Bedingungen wirkten jedoch erschwerend. Das Personal musste bei Temperaturen zwischen 45° und minus 5° Celsius handeln – und das mit angelegter Schutzausrüstung.

Die Regeln der persönlichen Hygiene waren sehr streng und mussten von jedem genauestens eingehalten werden. Getränke durften nur mit abgekochtem Wasser zubereitet werden und nicht länger als sechs Stunden stehen. Sonnenbaden verboten.

Die operativ-taktische Übung dauerte dann, je nach Planung, vier bis sieben Tage. Ihr Verlauf wurde dem möglichen Szenarium einer militärischen Auseinandersetzung in Mitteleuropa nachgestaltet. In jeder Etappe wurden nach vorgegebenen Kriterien ein-

JUPITER-86: Der Leitungsstab der Übung in der Steppe

zelne Lehrfragen abgehandelt. Die Raketenbrigade mit der Beweglichen Raketentechnischen Basis, als Einheit der raketentechnischen Sicherstellung, handelte im Rahmen einer Operation der Armee und kam somit auch als potenzielles Kernwaffeneinsatzmittel in Frage.

Das angenommene Szenarium machte es möglich, den Verlauf der operativ-taktischen Übung so zu gestalten, dass die Bewegliche Raketentechnische Basis und die Technischen Batterien der Raketenabteilungen alle Raketen in die vorgesehene Bereitschaftsstufen überführten und jede Startbatterie eine Rakete scharf starten konnte.

Die Durchführung von zwei aufeinanderfolgenden scharfen Starts von einer Startbatterie (gleicher Startrampe), der sogenannte Wiederholungsstart, war eine besondere Leistung und verschaffte den Raketentruppen der NVA Anerkennung auf dem Staatspolygon und bei der sowjetischen Armeeführung.

Während der operativ-taktischen Übung hatten sowohl die Startbatterien, die raketentechnischen Batterien und die Sicherstellungsbatterien zu beweisen, dass sie in der Lage waren, die vorgegebenen Feuer- und technischen Aufgaben sowie Sondierungen der Atmosphäre zeit- und qualitätsgerecht zu erfüllen.

Höhepunkt der Übung war der Gefechtsstart aus der Bewegung. Bei dieser Aufgabe ging es um Schnelligkeit, Genauigkeit und gegenseitige Verlässlichkeit. Es galt in kürzester Zeit die eigenen Koordinaten, die Anfangsangaben für die Rakete zu ermitteln, stabile Nachrichtenverbindungen zum Vorgesetzten zu halten, eine gültige Wettermeldung zu haben, die Rakete für den Start vorzubereiten und den scharfen Start zur befohlenen Zeit durchzuführen. Meist war danach die operativ-taktische Übung beendet, und es begann die organisierte Zurückverlegung in das Truppenlager des Staatspolygons.

Oberst Jürgen Schlase, Kommandeur der 5. Raketenbrigade, erinnerte sich seines Einsatzes 1985: »Bei der operativ-taktischen Übung mit Gefechtsstart JUPITER-83 der 5. RBr auf dem Staatspolygon meldete mir Oberst Schreiber, als mein Stellvertreter zuständig für den Raketentechnischen Dienst, dass in der Nacht bei Arbeiten in der Startstellung das Startkabel der Rakete stark beschädigt worden sei. Die Isolation war abgerieben, dass die blanken Adern zu sehen waren. Ich übernahm die Verantwortung,

Zwei scharfe Starts der 2. Startbatterie: Bewertungskarten

es wurde damit erfolgreich gestartet. Hätte ich aus Sicherheitsgründen anders entschieden, wäre diese Aufgabe mit einer Note 5 bewertet worden und die Raketenbrigade mit der Gesamtnote 3 nach Hause gefahren. Die Arbeit von Monaten wäre umsonst gewesen. War das eine richtige Entscheidung? Ich glaube ja, kein Erfolg ohne Risiko.

In meiner Zeit als Kommandeur der 5. Raketenbrigade gingen die Übungen auf dem Staatspolygon bis hinter die Bahnlinie Saichin-Astrachan. Stets wurde ein Werkstattwagen unter Leitung von Oberstleutnant Manfred Tebel am Bahnübergang postiert. Er hatte einen Kocher und eine Pfanne in seiner Ausrüstung und empfing mich und meine Begleitung nach Beendigung der Übung auf der Rückfahrt zum Lager hinter dem Bahnübergang mit frischen Bratkartoffeln und entsprechenden Mitteln zum Anstoßen. Anschließend unterschrieben die Teilnehmer auf einen Zettel und machten Angaben zum Tage. Den Zettel steckten wir in eine Flasche, die wir unweit eines Strommastes vergruben. Bei der folgenden Übung, zwei Jahre später, gruben wir sie wieder aus und ergänzten unsere Mitteilungen.

Eigentlich müsste diese Flasche und unsere Post noch heute dort eingegraben sein.«

Bewertung einer operativ-taktischen Übung

Die Bewertung der operativ-taktischen Übung erfolgte nach einheitlichen Kriterien der Dienstvorschriften DV 326/0/018 bis 022. Aus zwei Hauptkriterien, den taktischen Handlungen und der Führung von Raketenschlägen, ergab sich die Gesamteinschätzung für die Übung. Beide Kriterien wurden aus einer Vielzahl von Einzelbewertungen gebildet. Auf eine vollständige Wiedergabe der Bewertungskarte soll hier verzichtet werden.

Als Mitglied des Leitungsstabes des Militärbezirks III erinnerte sich Oberstleutnant a. D. Kurt Schmidt der Kontrollen: »1986 nahm ich zum fünften Mal an einer operativ-taktischen Übung JUPITER der 3. Raketenbrigade teil. Der Leitungsstab, die Kontrollgruppe und das Vorkommando wurde mit einer TU 134 vom Flugplatz Marxwalde über Kiew nach Wolgograd geflogen.

Beim Anflug auf Wolgograd, vormals Stalingrad, sah man die Schützengräben und Stellungen aus dem Zweiten Weltkrieg. Nach Abschluss der operativ-taktischen Übung sah ich die Stellungen und Mahnmale zu ebener Erde …

Auf dem Weg nach Wolgograd besuchten wir den Platz auf dem Staatspolygon Kapustin Jar, von dem aus die erste ballistische Kampfrakete am 18. Oktober 1947 in der Sowjetunion gestartet worden war.

Ein unvergessenes Erlebnis war der Besuch der Gedenkstätte für die Opfer der Schlacht um Stalingrad auf dem Mamajewhügel. Dort, zu Füßen der Mutter Heimat, einem gewaltigen Monument, fanden viele sowjetische Soldaten ihre letzte Ruhestätte und stellvertretend für alle Opfer ein ehrendes Andenken. Meine Gedanken galten auch den vielen Hunderttausenden deutschen

Exkursion zum Mamajew-Hügel bei Wolgograd

Start einer Rakete 8K14 am 3. September 1986, 9.10 Uhr (links).
Und Urkunde für die Teilnehmer an der Übung JUPITER-86

Soldaten, die hier für einen verbrecherischen Vernichtungskrieg ihre Leben gaben, meiner Mutter und ihrer Familie, welche die Heimat in Litauen verloren. Weil sich so etwas nie wiederholen sollte, hatte ich den Dienst in der Nationalen Volksarmee der Deutschen Demokratischen Republik angetreten.«

Welch nachhaltige Eindrücke die Übung hinterließ, kann man auch im Internet (*http://www.raketenbrigade.de*) studieren.

Dort schrieb beispielsweise Marco Illies, EK-87/II (Entlassungs-Kandidat Oktober 87) von der 5. Raketenbrigade: »Habe 1987 den ersten und einzigen NVA-Start einer 9M714 Oka (SS-23) in Kapustin Jar mitgemacht, genauer gesagt: Ich habe die Kabel rangelegt – Feldkabelbau gemacht – hat mächtig geknallt. Zu jener Zeit war ich Gefreiter bei der 5. Raketenbrigade in Demen bei Schwerin – die hatten ja diese Dinger – war damals der letzte Schrei und streng geheim – vier Rampen, drei wurden 1991 verschrottet, die vierte steht im Militärmuseum Dresden unter einer Plane.«

Und Andreas Ganso von der 3. Raketenbrigade äußerte sich auf dieser Forum-Seite ebenfalls: »Gestern Abend habe ich eine Reportage über das zaristische Russland gesehen. Da fiel mir schlagartig Kapustin Jar ein. Ergo habe ich mal ein bissl die Suchmaschine Google bearbeitet und diese Website gefunden. Nun sitze ich seit knapp zwei Stunden hier und schwelge in Erinnerungen. Ich war von 1982 bis 1991 in Tautenhain. Angefangen habe ich als Gruppenführer der Rechnergruppe in der 1. Raketenabteilung. Danach war ich Geschäftsstellenleiter im Stab. Es ging weiter als Spieß (Hauptfeldwebel) der Technischen Batterie der 2. Raketenabteilung. Danach hörte ich als Rechnergruppenführer in der 6. Startbatterie auf. Naja, aufhören ist wohl der falsche Begriff … Es kam die Wende dazwischen. Im Großen und Ganzen war es eine sehr schöne Zeit, die ich nie missen möchte.«

Und Boofinger von der 3. Raketenbrigade notierte: »Ich war von 1988 bis 1990 als Vermesser der 6. Startbatterie mit dabei und habe als Gast in der 5. Raketenbrigade bei GELEIT-89 mit-

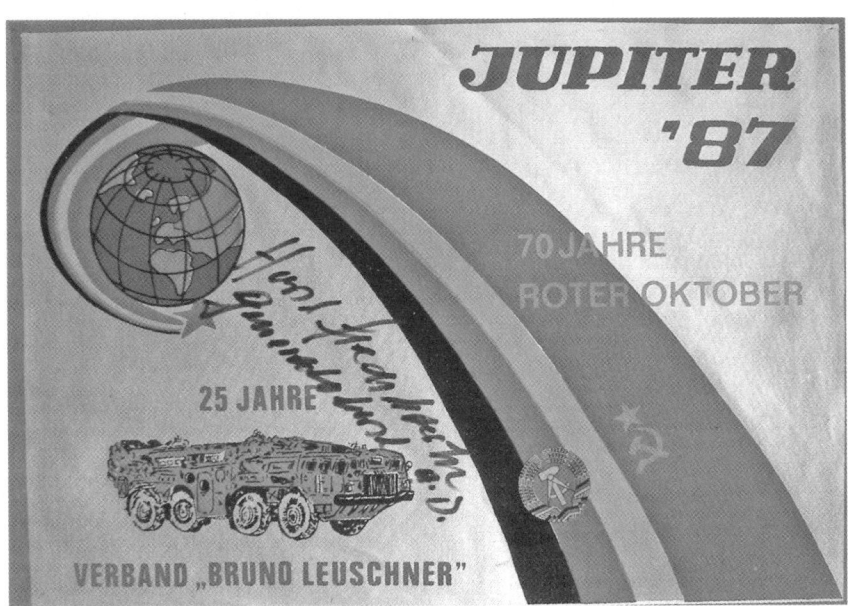

Erinnerungstuch für Übungsteilnehmer mit Autogramm des Chefs Landstreitkräfte Generaloberst a.D. Horst Stechbarth, 1987

gemacht. Ich würde mich freuen, mit ehemaligen Mitkämpfern (egal welchen Dienstgrads!) in Kontakt zu kommen.

Damals hatte man, obwohl die fachliche Seite sehr interessant war, nur eines im Kopf: Entlassung. Heute ärgert man sich, dass man damals nicht mehr Informationen über die Technik aufgenommen hat.«

Torsten Pittl von der Beweglichen Raketentechnischen Basis 3 ließ sie Leser der Website wissen: »Ich habe auf dem Jägerberg von Mai 1988 bis Oktober 1989 meinen Grundwehrdienst geleistet, das letzte halbe Jahr als Gruppenführer. Leider bin ich aber nur als Gefreiter entlassen worden. Seit meiner Entlassung war ich nicht mehr da oben. Es ist klasse, einige Bilder von dort zu sehen, Erinnerungen werden wach. Sieht aber sehr verwüstet aus, klar, ist ja auch 20 Jahre schon her. Mein Zugführer war Genosse Hauptmann Schiekel und Major Wähner, Kommandeur war zu dieser Zeit OSL Koppatsch. Was ist aus den Genossen so geworden? Ich habe einen Ural 375 D gefahren, mit Raketenkopf auf der Pritsche (nur zur Übung und beim Manöver). Habe ich aus Gera überführt und durfte ihn auch einfahren, war ein GR-Ural.«

Dietmar Dehn aus der gleichen Einheit reagierte: »Hallo an alle, die auf dem Jägerberg gedient haben. Es gibt leider nicht mehr viel vom Objekt der BRTB zu sehen. Habe von 1977/78 meinen Wehrdienst geleistet, natürlich mit Steppenerfahrung.«

Robby Bilkenroth geborener Fehse von der Beweglichen Raketentechnischen Basis 3 teilte via Internet mit: »Ich habe von Herbst 1978 bis Mai 1988 gedient und die letzten zwei Jahre, glaube ich, habe ich als StZF im Zug von Hptm. Schiekel gedient. Wenn ich heute zurückdenke, dann hätte ich dabeibleiben sollen. So bin ich kurz nach der Wende arbeitslos geworden, ohne Abfindung, ohne alles. Diese Zeit auf dem Jägerberg war die schönste meines Lebens. Inzwischen bin ich so krank, das ich bald die Liste der Verstorbenen verlängern werde.«

»Jo«, ebenfalls von der Beweglichen Raketentechnischen Basis 3, schwelgte auch in guten Erinnerungen: »beobachte die seite schon geraume zeit, jedesmal werden erinnerungen wach, schöne und weniger schöne. ich war von 80 bis 82 in jena. dort habe ich auch meine frau kennengelernt, ein mädel von zeiss. bin immer noch mit ihr verheiratet. einige genannte namen verbinde ich auch mit der zeit, als ich in der brtb3 gedient habe, möchte auch gern wissen, was aus einigen geworden ist. der robby fehse ist mir auch noch ein begriff. was wurde aus meinem bc, spitzname der harte oder spieß cscherwi. ich hatte damals einen 135er gefechts-technik, war daher nebenbei gf der feuerwache (alte tankstelle) und hatte den kfz-pflegetrakt + waschrampe zu betreuen.«

Andreas Keller, einst in der Beweglichen Raketentechnischen Basis 3, meldete sich gleichfalls zu Wort:»Von Herbst 1981 bis Herbst 1982 war ich in der BRTB 3 als Gruppenführer Trieb-werksanlagen eingesetzt. Ich hatte eine bewegte Zeit in Jena und habe in dieser Zeit auch an der Übung Jupiter 82 teilgenommen. Kam mit allen Kameraden zurecht, außer mit meinem Zugführer (Fähnrich G.). Dieser hatte eine besondere Art sich Freunde zu schaffen. Von dieser Person abgesehen, war es eine für mich gute und interessante Zeit. Ich hoffe dass sich in Zukunft noch weitere ehemalige Kameraden melden und man seine Erfahrungen bzw. Erinnerungen austauschen kann.«

Anmerkungen

1 http://www.mil.ru, Ministerium der Verteidigung der Russischen Föderation, 2011, MfnV, 1982, Programm für die Ausbildung Teil IV a
2 Michailow-Militär-Artillerie-Akademie, Spezialfakultät, St. Petersburg, 2008
3 Meyers Neues Lexikon Band 10, 1974, Seite 455: Parade: Militärwesen Vorbeimarsch oder Aufstellung von Truppen, Vorbeiflug von Fliederverbänden und Aufstellung von Kriegsschiffen zu Festlichkeiten, Gedenktagen, Empfängen (Ehrenparade), Trauerfeiern (Trauerparade) oder als Abschluss militärischer Übungen (Feldparade)
4 G.W. Kisynko, Geheime Zone, Moskau 1997, Übersetzungen Kurt Schmidt; S. A. Bere-zin und andere, Kernversuche der UdSSR. Gegenwärtiger radiologischer Zustand des Versuchsgeländes, Moskau 2001, Übersetzungen Kurt Schmidt

Die Sicherstellung der Raketentruppen im Gefecht

Die Gefechts-, spezialtechnische und rückwärtige Sicherstellung sorgte maßgeblich für die Handlungsfähigkeit der Raketentruppen. Dazu gehörte die Sicherung der Kommunikation über alle verfügbaren Nachrichtenverbindungen einschließlich des funkelektronischen Kampfes, die Aufklärung der Marschstraßen und Stellungsräume, die topogeodätische Vorbereitung, die meteorologische Sicherstellung, der Schutz vor Massenvernichtungswaffen in Verbindung mit der chemischen Sicherstellung, die pioniertechnische Sicherstellung und Tarnung, die unmittelbare Sicherung der Stellungen, Plätze und Unterbringungsräume.

Ganz wesentlich war die Sicherung der Kommunikation, weshalb nachfolgend darauf eingegangen werden soll. Die Ausbildung der Nachrichtenkräfte der Raketenbrigade erfolgte nach den Festlegungen des »Programms der Gefechtsausbildung Nachrichten«. Ein Ausbildungszyklus erstreckte sich jeweils über ein Ausbildungshalbjahr.

Gefechtssicherstellung durch die Nachrichtenkräfte

Der Oberoffizier Nachrichten erstellte monatlich die Ausbildungsgrafik für die Führungsbatterie und die Offiziere Nachrichten der Raketenabteilungen auf der Grundlage der zentralen Planung der Raketenbrigade und des Ausbildungsprogramms.

Im ersten Schritt wurden darin vermerkt zentral geplante Maßnahmen wie taktische Übungen, Ausbildungskomplexe, politische Schulungen, Wirtschafts- und Parktage, Objektwachen, diensthabende Einheit, Härtetest, Schießen mit Schützenwaffen, Vorbereitung der Technik auf die neue Nutzungsperiode usw. Im zweiten Schritt wurden sonstige Maßnahmen vermerkt, etwa Tage der Gefechtsbereitschaft, Feuerleittrainings, Stabsdienstausbildungen, Appelle der Raketenbrigade bzw. -abteilung, zentrale Schulungs- und Ausbildungsmaßnahmen, Versammlungen, Maßnahmen der massenpolitischen Arbeit, Zusammenwirken mit der GSSD und andere Positionen.

Im dritten Schritt wurden fixiert die allgemein-militärische Ausbildung wie Exerzier-, Schutz-, Sanitäts-, Schieß-, Pionier- und physische Ausbildung gemäß den Vorgaben des Ausbildungsprogramms und die Nachrichtenspezialausbildung.

Auf der Grundlage dieser Monatsgrafik wurden in der Führungsbatterie und den Stabsbatterien Wochendienstpläne für die Ausbildungsprofile erarbeitet und nach Bestätigung ausgehängt.

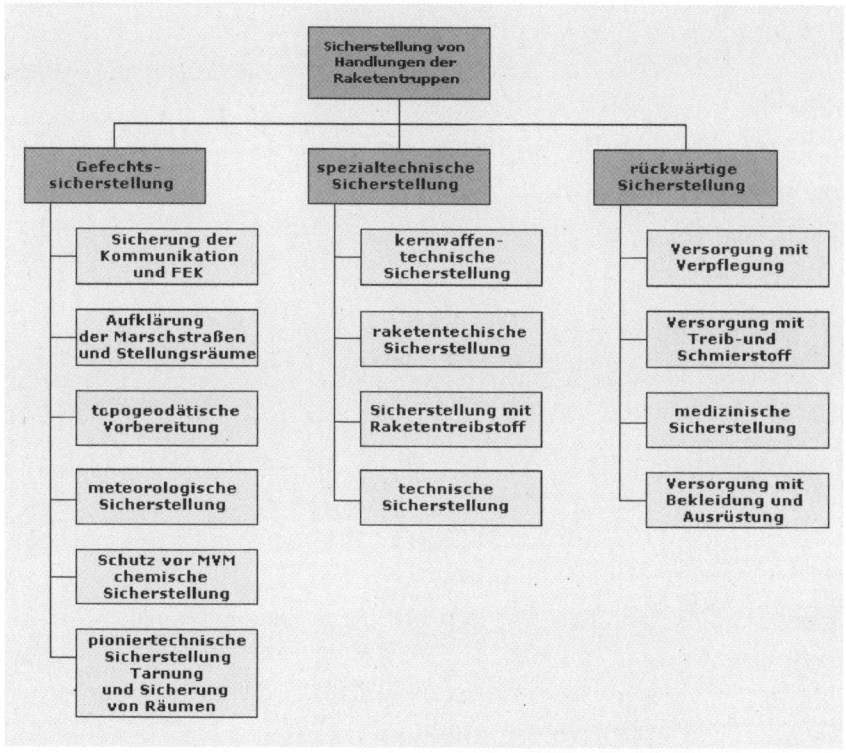

Sicherstellung der Gefechtshandlungen der Raketentruppen

Für die Führungsbatterie waren zusätzlich die Ausbildungsprofile Funker der Richtfunkstellen, Funker der Troposphärenfunkstelle und die Spezialnachrichtenkräfte zu planen.

Die Programminhalte des zweiten und dritten Diensthalbjahres unterschieden sich wesentlich von denen des ersten, so dass grundsätzlich getrennte Ausbildungsgruppen – also acht in der Raketenabteilung für die Nachrichtenprofile – geplant und realisiert werden mussten. Aufgrund der Konzentration der Richtfunkstellen in der Führungsbatterie waren die Funkzüge der Raketenabteilungen entlastet und eine höhere Effizienz in der Richtfunkausbildung erreicht.

Die SAS-Spezialausbildung erfolgte in der Regel konzentriert in Lehrgängen durch den Offizier Spezialnachrichtenverbindungen.

Ziel der Einzelausbildung war der Erwerb von Betriebsberechtigungen (erstes Diensthalbjahr) und die Festigung und Verbesserung der Fähigkeiten und Fertigkeiten (zweites und drittes Diensthalbjahr).

Die Tastfunkausbildung (H+G+U) erfolgte kontinuierlich über alle drei Diensthalbjahre.

Für die Nachrichteneinzelausbildung stand im Lehrklassengebäude der 3. Raketenbrigade eine Etage zur Verfügung.

Je Stabsbatterie der Raketenabteilung gab es eine Lehrklasse Funkausbildung und eine Lehrklasse Fernsprechausbildung.

Für die Führungsbatterie waren das je eine Lehrklasse Telegrafie-, Fernschreib- und Fernsprechausbildung, eine Lehrklasse Nachrichtengerätelehre R-140 (mit Gerätesatz R-140 und Antennen), eine Lehrklasse Nachrichtengerätelehre R-142 (mit Trainer R-142) und eine Lehrklasse Nachrichtengerätelehre Richtfunk (mit Gerätesatz R-405 und Antennen). Spezielle Themen der Nachrichtengerätelehre wurden auf dem Park an den Nachrichtengerätesätzen vermittelt.

Nach Abschluss der Einzelausbildung und mit Beginn der Trupp-/Zug- und Batterieausbildung trainierte man Elemente der Nachrichtentaktik (Entfaltung und Nutzung des Nachrichtengerätesatzes im Nachrichtensystem des Zuges, der Batterie, Raketenabteilung und Raketenbrigade) und des Zusammenwirkens verschiedener Teile der Nachrichtenzentrale.

Die drei Ausbildungskomplexe Nachrichten, die Batterieübungen und die Ausbildungskomplexe der Startbatterien, Feuerleittrainings und Übungen, Zulassungsüberprüfungen in Vorbereitung taktischer Übungen usw. wurden überwiegend im Raketenausbildungsgelände oder in objektnahen Räumen realisiert.

In der Nachrichtentaktik wurde die Entfaltung der Nachrichtenzentralen in verschiedenen Varianten, Funktrupps in Bezug auf die zu entfaltenden Antennen und das Beherrschen der Gerätesätze zur Sicherstellung von stabilen Nachrichtenverbindungen und durch die Fernsprechzüge der praktische Feldkabelbau trainiert. Dazu gehörte das Verlegen von leichtem Feldkabel (LFK) mit Rückentrage über die Distanz von einem Kilometer sowohl bei Tag und Nacht für die fernsprechmäßige Sicherstellung der Aufgaben 4 der Startbatterien (Gruppenschlag aus der Bewegung, auf dem Marsch).

Teil der Ausbildung war das Betreiben eines Lehrfunknetzes über das ganze Jahr. Die Nachrichtenkräfte und -mittel der Führungsbatterie nahmen monatlich am Funktraining des Zusammenwirkens mit der GSSD und einmal im Halbjahr an der Nachrichtenrahmenübung MECHANIK des Militärbezirkes III teil.

Die Bewertung des erreichten Ausbildungsstandes erfolgte auf der Grundlage des »Normenkataloges Nachrichten«.

In Vorbereitung auf die taktischen Übungen wurde im 5. Ausbildungskomplex der Ausbildungsstand der Raketenabteilungen überprüft.

Höhepunkte eines Ausbildungshalbjahres wurden die Abteilungsübungen NORDWIND und/oder die Brigadeübung GELEIT. Hier mussten die Nachrichtenkräfte und -mittel der gesamten Raketenbrigade beim Beziehen der Wechselkonzentrierungsräume und weiterer Unterbringungsräume, auf dem Marsch, während der Staffelbildung und bei Manövern im Stellungsraum beweisen, dass sie in der Lage waren, offene und gedeckte Funk-,

Richtfunk-, Troposphärefunk- und Fernsprechverbindungen der Führung und Feuerleitung unter den »Bedingungen des bewaldeten Mittelgebirges« sicherzustellen.

Alle zwei Jahre erfolgten, wie schon erwähnt, die Brigadeübungen JUPITER mit Gefechtsstarts in der Sowjetunion. Die Nachrichtenausbildung in Vorbereitung auf diese operativ-taktischen Übungen entsprach prinzipiell der von GELEIT. In der Sowjetunion waren nur die eigenen Fernsprecher zugelassen. Daher wurde bei der Ausbildung besondere Aufmerksamkeit dem Feldkabelbau unter Steppenbedingungen gewidmet. Die Funktrupps der Führung wurden vor Ort von der Kommandantur des Staatspolygons gestellt

Die Leitungsbautrupps stellten Fernsprechverbindungen in der Bahn vom Arbeitsplatz des Offiziers vom Dienst (OvD) zu den Posten an Spitze und Ende des Zuges sowie zu den Startrampen her. Nach dem Eintreffen auf dem Staatspolygon wurde ein eigenes Fernsprechnetz innerhalb des Truppenlagers und zu den vorgegebenen Punkten im Übungsgelände aufgebaut. Es stellte die Verbindungen zum Leitungsstab und innerhalb der übenden Einheiten sicher.

Der Feldkabelbau unter Steppenbedingungen bedeutete, dass die Feldkabelbautrupps, teils querfeldein, die Verbindungen zwischen der Führung und den Nachgeordneten parallel zu den Handlungen der Raketenbrigade, der Raketenabteilungen, meist bei Nacht, so schnell wie möglich herzustellen hatte.

Major a. D. Klaus Goth erinnerte sich an das gemeinsame Training mit Nachrichtenkräften der Raketenbrigade der GSSD: »Im Rahmen des Verteidigungszustandes der DDR wäre die 3. Raketenbrigade in die sowjetische Armee eingebunden worden. Daraus folgte für die Nachrichtenkräfte die Notwendigkeit des Trainings des Nachrichtenbetriebsdienstes in russischer Sprache. Besonders gefordert waren dabei die Nachrichtenkräfte der Führungsbatterie, welche die Verbindungen für den Brigadestab (später Führungsorgan der Brigade) sicherzustellen hatten und als erste mit sowjetischen Gegenstellen konfrontiert worden wären.

Für Richtfunker, Fernsprecher sowie Funker der Funkgerätesätze KW/UKW kleiner Leistung R-142 (im weiteren R-142)
kam das weniger in Betracht, umso mehr für die Funker der
Funkgerätesätze KW mittlerer Leistung R-140 (im weiteren R-
140) mit den nachgeschalteten Spezialfernsprech- (und gegebenenfalls Spezialfernschreib-)Trupps, die direkt mit dem russisch
sprechenden Betriebspersonal kommunizierten.

Es erwies sich als problematisch, sich mit den Gegenstellen zu
verständigen – beginnend von der Frequenzauswahl über die Verbindungsaufnahme bis zum Spruchaustausch und zur Auswertung
der chiffrierten Sprüche in der vorgegebenen Zeit.

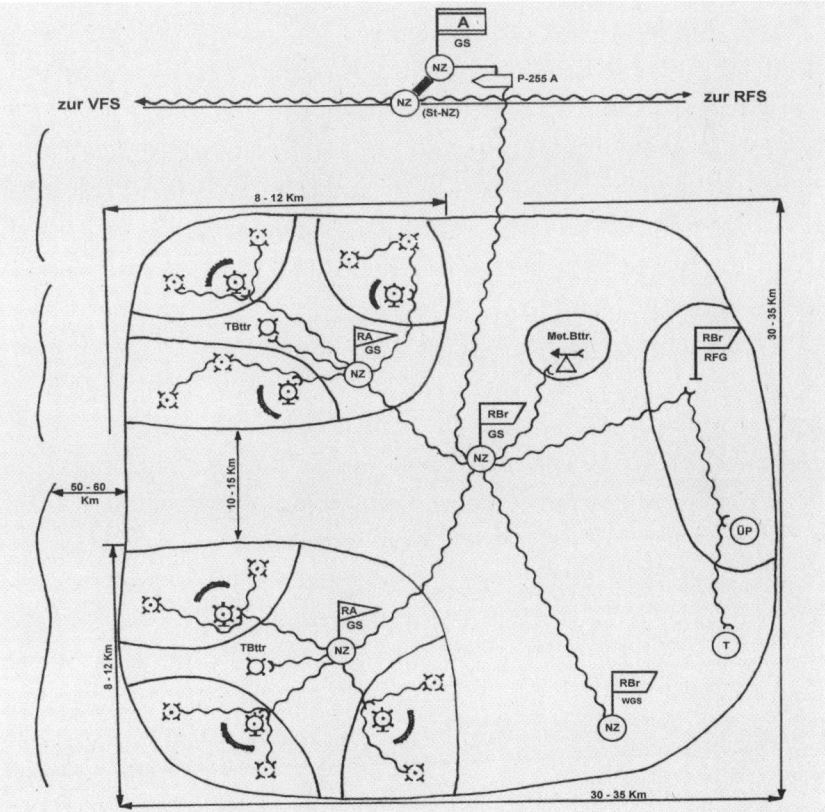

*Variante der Fernsprechverbindungen innerhalb der Raketenbrigade
im Hauptstellungsraum*

Das Training in den Funknetzen/Funkrichtungen mit der GSSD wurde monatlich durchgeführt, sofern nicht die gesamte Raketenbrigade mit bestimmten anderen Maßnahmen beschäftigt war.

Über die Jahre stiegen die Anforderungen stetig. In den Anfangsjahren wurde der Betriebsdienst mit Spruchaustausch in Telegrafie oder Sprechfunk auf Russisch von den Funkstellen R-140 realisiert. Dann kam Funkfernschreiben direkt aus der Funkstelle dazu. Die Sprüche wurden chiffriert auf Lochstreifen gebracht und mittels Lochstreifensender übertragen.

In den letzten Jahren wurde vom Personal des Spezialfernsprech- oder Spezialfernschreib-Trupps der Fernsprech- bzw. Fernschreib-Betriebsdienst durchgeführt, d. h. im monatlichen Wechsel erfolgte nach Verbindungsaufnahme mit der Gegenstelle das Durchschalten der Kanäle an die Endstelle.

In den Anfangsjahren wurde die Nachrichtenzentrale – bestehend aus dem Nachrichtendispatcher, einer R-140 für das Funknetz, einer R-140 für die Funkrichtungen, einer R-142 für das Dienstfunknetz zwischen den Teilnehmern und einem Chiffriertrupp – überwiegend im Raketenausbildungsgelände entfaltet. Ab 1983/84 wurde die Nachrichtenzentrale auf dem Platz Funkgefechtsbereitschaft im Objekt mit einem zusätzlichen Spezialfernsprech- oder Spezialfernschreib-Trupp entfaltet. Zeitweise wurde noch eine dritte R-140 zur Frequenzsondierung eingesetzt.

Mit Beginn der Maßnahme wurden die teilnehmenden Nachrichtenkräfte und -mittel aus dem normalen Dienstbetrieb herausgelöst. Die Nachrichtenkräfte der Führungsbatterie begannen mit der Entfaltung der Nachrichtenzentrale auf dem vorgesehenen Platz, einschließlich Tarnung und Sicherung, wie bei Übungen und Einsätzen.

In jener Zeit wurden durch den Leiter der Nachrichtenzentrale (der Offizier Funk oder ein Offizier Nachrichten Raketenabteilung) und den/die Diensthabenden der Nachrichtenzentrale (Funkzugführer Führungsbatterie) mit der Ausarbeitung der Funkunterlagen begonnen.

Die Chiffriere begannen mit der Erstellung der Sprüche für die laut Plan des Militärbezirkes festgelegten Funkrichtungen.

Die Funkunterlagen wurden mittels Index-, Schlüssel- und gesonderten Frequenzzuweisungen manuell für das Funknetz und die Funkrichtungen erarbeitet. Für diese Unterlagen gab es einen sogenannten »GSSD-VS-Koffer«, den der Leiter der Nachrichtenzentrale für die Maßnahme mitführte. Für den oben dargestellten Zeitraum (etwa 44 Stunden über drei Kalendertage) bedeutete das, drei Unterlagen für das Funknetz des Zusammenwirkens, drei Unterlagen für das Dienstfunknetz mit R-142 und für jede Richtung eine Funkunterlage auszuarbeiten. Dafür benötigten drei Mann bis zu anderthalb Stunden.

Eine Stunde vor Verbindungsaufnahme im Funknetz trat der gesamte Personalbestand an und wurde vom Leiter der Nachrichtenzentrale auf die Aufgabe vorbereitet. Auch wenn es im klassischen Sinne keine »Vergatterung« war, war es dem Wesen nach durchaus eine. Die Unterlagen für die Verbindungsaufnahmen wurden ausgegeben, das diensthabende System festgelegt und der Aufbau der Nachrichtenzentrale vom Leiter der Nachrichtenzentrale kontrolliert.

Das Zusammenwirken war in einen nationalen und einen internationalen Teil untergliedert. Der erste Teil war der nationale, in dem die teilnehmenden Einheiten der NVA miteinander trainierten. Für eine Funkrichtung waren 90 Minuten vorgesehen. In diesen anderthalb Stunden musste jede Seite zwei Sprüche bestimmter Länge senden bzw. empfangen und auswerten. Zwischen den Richtungen war jeweils eine Pause von 30 Minuten vorgesehen, in der sich die Funkstelle im Netz zurückzumelden, Betriebsdienst durchzuführen und dann wieder in die nächste Richtung zu wechseln hatte. Das wurde durch den Einsatz einer zweiten R-140 für das Funknetz umgangen. Damit konnte sich die andere Funkstelle voll auf die Richtungen konzentrieren.

Im nationalen Teil waren über die Jahre wechselnde Gegenstelle das Nachrichtenregiment 3, Leipzig, das Nachrichtenbataillon 7 der 7. Panzerdivision Dresden, das Nachrichtenbataillon 4 der 4. Motorisierten Schützendivision Erfurt, das Nachrichtenbataillon 11 der 11. Motorisierten Schützendivision Halle, die Unteroffiziersschulen Schneeberg, Delitzsch und Weißwasser und das Nachrichtenregiment 2 in Niederlehme. Dieser Teil diente dem Training untereinander und dem »Warmmachen« für den internationalen Teil.

Die SAS-Dienstfunkverbindung mit R-142 und UKW-Funkgerät R-111 wurde für Koordinierungen mit den erreichbaren Teilnehmern im Umkreis von bis zu sechzig Kilometern (Leipzig, Halle und Erfurt) genutzt. Besondere Bedeutung hatte der geschaltete Anschluss im Sondernetz-1 für Koordinierungen zwischen den Diensthabenden der Nachrichtenzentralen der Teilnehmer.

Im internationalen Teil war Nachrichtenbetriebsdienst im Funknetz und den Funkrichtungen mit Einheiten der 8. Gardearmee in Weimar, speziell mit denen in Nohra und Ohrdruf, sowie Einheiten der 1. Gardepanzerarmee (11. Gardepanzerdivision, Dresden) und anderen durchzuführen. Der Ablauf war der gleiche wie im nationalen Teil. Nur dass eventuell notwendige Frequenzabsprachen über Funk oder Telefon etwas komplizierter waren. Mitunter gab es Rätselraten bei der Verbindungsaufnahme unter Beachtung der verschiedenen Sommerzeiten in der DDR und in der Sowjetunion.

Sehr deutlich konnten wir auch feststellen, in welchen Einheiten die Chefs Nachrichten sich für das Training engagierten und in welchen nicht.«

Die meteorologische Sicherstellung

Die meteorologische Sicherstellung war Teil der Gefechtssicherstellung und erfolgte durch den meteorologischen Zug in den Raketenabteilungen taktischer Bestimmung oder die Meteorologische Batterie in den Raketenbrigaden.

Für den Start einer Rakete waren bestimmte Wetterbedingungen festgelegt, sie wurden auch als Standardwetter bezeichnet. Das

Sondierung der Atmosphäre in einer Startbatterie

betraf Temperatur, Luftdruck, Windgeschwindigkeit und -richtung sowie die relative Luftfeuchte in den verschiedenen Höhenschichten der Atmosphäre.

Die meteorologische Sicherstellung ermittelte die Abweichungen von den Werten des Standardwetters.

Die spezialtechnische Sicherstellung

Die spezialtechnische Sicherstellung in der Raketenbrigade oder -abteilung sorgte für die ständige Einsatzbereitschaft der Raketen, Träger, Gefechtsköpfe, Bewaffnung und Technik. Bei Ausfällen und Beschädigungen waren diese kurzfristig zu beheben.

Die spezialtechnische Sicherstellung umfasste die kernwaffen-, die raketen- und die allgemeine technische Sicherstellung.

Die *kernwaffentechnische Sicherstellung* betraf die Bereitstellung von Nukleargefechtsköpfen für die Startbatterien. Dies fiel in die Zuständigkeit der GSSD und wurde nur in der Theorie behandelt.

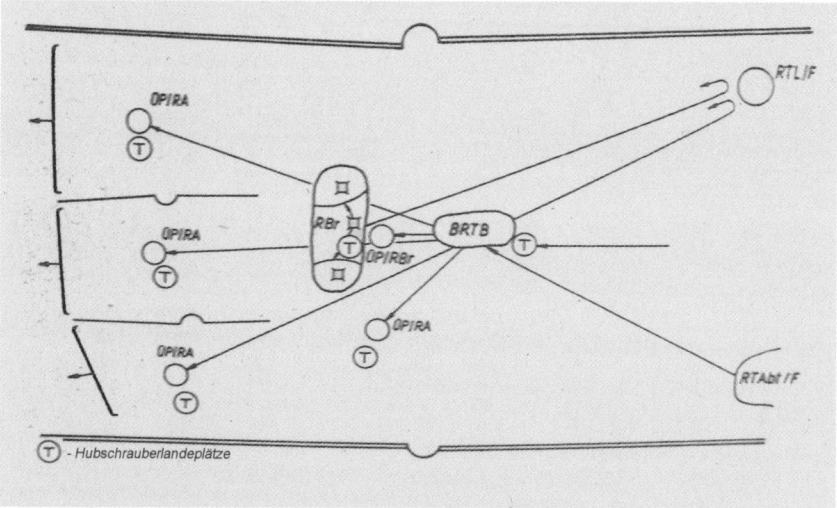

Variante der raketentechnischen Sicherstellung in der Operation
ÜP/RA(RBr) = Übergabepunkte der Raketenabteilung (Raketenbrigade)
BRTB = Bewegliche Raketentechnische Basis
RTL/F = Raketentreibstofflager der Front
RTAbt/F = Raketentransportabteilung der Front

Die *raketentechnische Sicherstellung* erfolgte durch den Raketen-
und Waffentechnischen Dienst und betraf die Versorgung mit
Bewaffnung, Munition und Raketen unter Garnisionsbedingun-
gen und im Gefechtseinsatz. Entsprechend der Führungsebene
waren dem Raketen- und Waffentechnischen Dienst Sicherstellungseinheiten unterstellt. Die Raketentechnische Basis 2, die
vom Chef der Verwaltung Raketen- und Waffentechnischer
Dienst des Ministeriums für Nationale Verteidigung geführt
wurde, lagerte Raketen, Triebwerke und Träger für die Raketenkomplexe 9K52, 9K79, 9K72 und 9K714 entsprechend der
Bevorratungsnorm, führte an diesen Raketen und Trägern Regelarbeiten entsprechend den Instruktionen durch und sicherte die
Versorgung der Beweglichen Raketentechnischen Basis 3 und 5
unter Garnisonsbedingungen und im Gefechtseinsatz.
    Die Bewegliche Raketentechnische Basis wurde im Militärbe-
zirk vom Chef der Abteilung Raketen- und Waffentechnischer
Dienst geführt. Sie lagerte entsprechend den Bevorratungsnormen

Raketen, Träger, Triebwerke und Raketentreibstoff für die Raketenkomplexe 9K52, 9K79, 9K72, in der Bewegliche Raketentechnische Basis 5 zusätzlich für den Raketenkomplex 9K714.

Die Bewegliche Raketentechnische Basis übernahm die Regelarbeiten an den eingelagerten Raketen, Trägern und Triebwerken entsprechend den Instruktionen. Sie überführte Träger, Triebwerke oder Raketen von der Lagerbereitschaft (Bereitschaftsstufe 6) in die Bereitschaftsstufe 5 (Betankung des Trägers) und/oder in die Bereitschaftsstufe 4 (Betankung und Gefechtsmontage). Ferner übernahm sie Träger, Triebwerke, Raketen und Gefechtsköpfe von der Raketentechnischen Basis 2 sowie Raketentreibstoff vom Raketentreibstofflager 2, versorgte die Raketenabteilungen der Divisionen mit Raketen, Triebwerken und Gefechtsköpfen, und führte der Raketenbrigade Raketen, Träger, Gefechtsköpfe und Raketentreibstoff zu.

In der Raketenabteilung taktischer Bestimmung war der Stellvertreter des Kommandeurs für raketentechnischen Dienst für die raketentechnische Sicherstellung verantwortlich. Der von ihm geführte Technische Zug transportierte die Triebwerke, Raketen und Gefechtsköpfe, überführte die Triebwerke in die Bereitschaftsstufe 4 (Gefechtskopfmontage) und war mit der Beladung der Startrampen mit Triebwerken und Raketen an der Überführung der Startbatterie oder Raketenabteilung in die Bereitschaftsstufe 3a oder 3 beteiligt.

In der Raketenbrigade war der Stellvertreter des Kommandeurs für Raketentechnischen Dienst (ab 1986 Stellvertreter des Kommandeurs für Technik und Bewaffnung) für die raketentechnische Sicherstellung verantwortlich. Bis 1981 setzte er mit der Technischen Batterie der Raketenbrigade die raketentechnische Sicherstellung um.

Die Technische Batterie hatte die Aufgaben, an den Trägern die Regelarbeiten vorzunehmen, die Träger in die Bereitschaftsstufe 5 (Betankung des Trägers) und Bereitschaftsstufe 4 (Betankung des Trägers und Gefechtsmontage) zu überführen, die Träger oder Raketen den Raketentechnischen Zügen der Raketenabteilung zuzuführen, Gefechtsköpfe zu übernehmen, zu lagern, zu montieren und den Startbatterien zuzuführen sowie Raketentreibstoff zu transportieren.

Mit der Strukturveränderung 1981 wurde die Technische Batterie der Raketenbrigade aufgelöst. Der Raketentechnische Zug der Raketenabteilung wurde zur Technische Batterie aufgestockt. Teile der Prüfbasis der Technischen Batterie wurden dem Zug Spezialarbeiten in der Instandsetzungskompanie der Raketenbrigade als Gruppe Regelarbeiten zugeordnet.

Diese Strukturveränderung verschob einen bedeutenden Teil der Verantwortung für die raketentechnische Sicherstellung auf den Stellvertreter des Kommandeurs für Raketentechnischen Dienst der Raketenabteilung, der mit der Technischen Batterie die raketentechnische Sicherstellung zu gewährleiten hatte.

Die Technische Batterie der Raketenabteilung hatte die Aufgaben, die Träger oder Raketen zu transportieren, die Träger selbständig oder mit der Startbatterie in die Bereitschaftsstufe 5 oder 3a (Betankung des Trägers) und Bereitschaftsstufe 4 oder 3 (Betankung des Trägers und Gefechtsmontage) zu überführen, Gefechtsköpfe zu übernehmen, zu lagern und zu montieren, die Startrampen zu beladen, mit Druckluft und Startbrennstoff zu versorgen, Raketentreibstoff zu übernehmen und zu transportieren und an der Überführung der Startbatterie und der Raketenabteilung in die Bereitschaftsstufe 3a (Betankung der Träger auf der Startrampe) oder 3 (Betankung der Träger und Gefechtskopfmontage auf der Startrampe) mitzuwirken.

Die *technische Sicherstellung* war Teil der Sicherstellung in der Raketenbrigade oder Raketenabteilung. Sie versorgte die Raketenabteilung und alle anderen Einheiten mit Waffen, Munition, militärischem Gerät und anderer Technik.

Die technische Sicherstellung schloss die waffen-, panzer-, kraftfahrzeug-, pionier- und die allgemeine technische Sicherstellung der chemischen Truppen und der Nachrichten- und Automatisierungsmittel sowie der Technik der rückwärtigen Dienste und die messtechnische Sicherstellung ein.

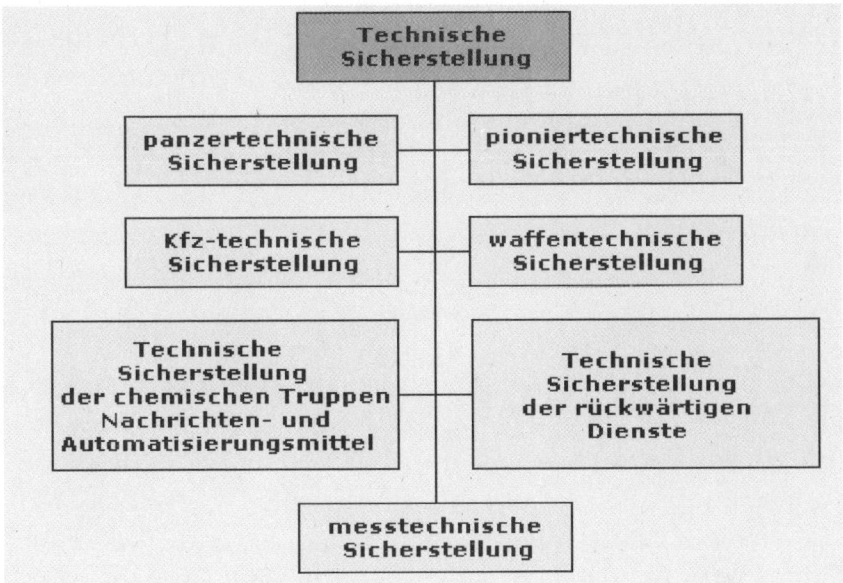

Schema der technischen Sicherstellung

Für die dienstbezogene Sicherstellung waren die Offiziere und Spezialisten der Fachdienste verantwortlich. Diese erstellten auf Befehl des Vorgesetzten Pläne der Sicherstellung unter Kasernen- und Feldbedingungen und organisierten ihre Realisierung.

Die *rückwärtige Sicherstellung* betraf die materielle, medizinische, veterinär-hygienische und technische Sicherstellung der rückwärtigen Dienste. Auf der Grundlage des Entschlusses (Befehls) des Kommandeurs der Raketenbrigade oder -abteilung organisierte sie der Stellvertreter des Kommandeurs für Rückwärtige Dienste (oder Offizier Rückwärtige Sicherstellung). Sie betraf unter anderem die Versorgung mit Verpflegung, Treib- und Schmierstoff, Bekleidung und Ausrüstung sowie die Behandlung und medizinische Vorsorge des Personals.

Die Raketentruppen der NVA in den 80er Jahren, ihre Auflösung und Abwicklung

Zu Beginn der 80er Jahre spitzte sich das konfrontative Verhältnis der Großmächte und der von ihnen geführten Bündnisse dramatisch zu. Mit dem sogenannten NATO-Doppelbeschluss vom 12. Dezember 1979 wurden in die Streitkräfte Westeuropas Waffensysteme mit größerer Reichweite und Zielgenauigkeit eingeführt. Hinzu kam eine verstärkte Automatisierung der Waffenleitung, die Erhöhung der Schussfolge und der Vernichtungswirkung konventioneller Munition. Präzisionswaffen koppelten die NATO-Artillerie mit luft- und landgestützten Aufklärungsmitteln sowie mit in Echtzeit arbeitenden Lagedarstellungssystemen in Aufklärungsschlag-Komplexen. Damit, so schätzte Moskau ein, erhöhte sich die Kriegsgefahr, was eine Reaktion auf östlicher Seite herausforderte.

In den Raketentruppen taktischer Bestimmung der NVA setzte man auf den Raketenkomplex 9K79 TOTSCHKA. Die Raketenabteilung 9 erhielt 1983 als erste den neuen Raketenkomplex, 1988 zog die Raketenabteilung 7 mit vier Startrampen 9P129 nach.

Diese Rakete besaß – wie alle taktischen Raketen der NVA – ein Feststofftriebwerk. Es handelte sich um eine gelenkte Rakete, die während des ganzen Fluges, und das war neu, gesteuert werden konnte. Das erhöhte die Zielgenauigkeit. So gelang der Raketenabteilung 9 am 19. August 1988 ein Gefechtsstart mit einer Abweichung von drei Metern in der Distanz und vier Metern nach der Seite. Aufgrund der Zielgenauigkeit ging man dazu über, verstärkt konventionelle Gefechtsköpfe, sowohl Kassetten- als auch Splittersprengköpfe, zu verwenden.

Eine ähnliche Entwicklung erfolgte auch bei den operativ-taktischen Raketen. 1985 wurde in der 5. Raketenbrigade die III. Raketenabteilung aufgestellt. Sie wurde mit dem Raketenkomplex 9K714 OKA ausgerüstet und hatte vier Startrampen 9P71 sowie die dazu gehörende Bodenausrüstung im Bestand. Den ersten und einzigen Start mit der Rakete 9M714 OKA dieses Raketenkomplexes führte die Batterie von Hauptmann Hans-Joachim Lehre am 31. August 1987 durch.

Mit den Raketenkomplexen 9K79 TOTSCHKA und 9K714 OKA schienen effektive Einsätze konventioneller Gefechtsköpfe möglich. Beide Systeme konnten direkt durch Mittel des automatisierten Führungssystems PASUV geführt werden. Neben der »Faust« war auch das »Auge« – sprich die Aufklärung – wichtiges Element der Kampfweise dieser Raketen. Die bereits erwähnten Aufklärungsschlag-Komplexe entsprachen dem Auftrag, in kürzester Zeit gegnerische Ziele zu vernichten.

In den Armeestäben wurden Operative Führungsgruppen gebildet, die den Zugriff auf die geeigneten Feuermittel der Raketentruppen/Artillerie auf Armee- und Divisionsebene hatten. Verbindungsoffiziere ermöglichten die schnelle Übermittlung von Aufklärungsergebnissen der Aufklärungsflugzeuge und -hubschrauber der Luftstreitkräfte.

Oberst a. D. Adolf Kosanke, damals Leiter Lehrstuhl Raketentruppen und Artillerie an der Militärakademie »Friedrich Engels«, erklärte 1985 zum Aufklärungsschlag-Komplex (ASK): »Als zeitweiliges Element des operativen Aufbaus der Armee bis zum Übergang zum Kernwaffeneinsatz bestand dieser Kompex aus einer RA (OTR) und einer RA (TR), zwei Artillerieabteilungen M-46 und einer Geschosswerferabteilung (als Bekämpfungsmittel). Hauptaufgaben der Raketentruppen des ASK waren:

• Vernichtung der Startbatterien *Lance 2* und *Patriot*,
• Vernichtung von Kernwaffenträgern auf Flugplätzen,
• Niederhalten von FRBttr *Hawk* in Startstellungen,
• Vernichtung von unbemannten Aufklärungsmitteln in Startstellungen

• Vernichtung der Führungs- und Auswertezentren der Systeme PLSS, CSWS, *Assault Breaker*.«[1]

Sicher versuchte man auch, die Trefferwahrscheinlichkeit von Gefechtsköpfen der Raketenkomplexe 9K52 LUNA-M und 9K72 ELBRUS zu erhöhen. In Frage kamen Kassettengefechtsköpfe oder zielsuchende Gefechtsköpfe. Für den Raketenkomplex 9K72 war das nicht gegeben, im Gegenteil: Die NVA verfügte zu keiner Zeit über Gefechtsköpfe für diesen Raketenkomplex.

Dagegen gab es Kassettengefechtsköpfe 9N18K für die Träger 9M21 LUNA-M.

Am 26. Juli 1985 erhielt die Raketentechnische Basis 2 zwölf Kassettengefechtsköpfe 9N18K. Am 7. November 1985 gab es die Weisung, je vier Triebwerke 9M21 in der Raketenabteilung 1, Raketenabteilung 4 und Raketenabteilung 8 mit 9N18K zu komplettieren und ständig auf die Transportfahrzeuge 9T29 zu verladen. Der Gefechtskopf 9N18K konnte bei der Luftdetonation seiner Zentralladung 42 Gefechtselemente 9N22 freisetzen, die wiederum Hunderte Splitter über eine Fläche von 10 bis 25 Hektar verteilten.

Seit 1986 lief die Produktion von Raketen 9M21 und 8K14 aus. Am 21. Oktober 1988 informierte der Chef Raketen- und Waffentechnischer Dienst im Ministerium für Nationale Verteidigung, dass die Altersstruktur der Triebwerke 9M21 zum Problem geworden war. Da die Antwort auf die Frage nach einer Verlängerung der Lebensdauer negativ ausfiel, sollten mehr als sonst üblich Raketen bei Übungen verschossen werden.

Die sowjetischen Raketentruppen veränderten in jener Zeit ihre Struktur. Bedeutsam war die Formierung von Raketentruppen taktischer Bestimmung und ihre Ausrüstung mit dem Raketenkomplex 9K79 TOTSCHKA. Unter diesen veränderten Rahmenbedingungen plante auch das DDR-Verteidigungsministerium die Reorganisation der Raketentruppen im Jahr 1989. Die neue Struktur sah die Bildung einer Raketenbrigade taktischer Bestimmung in jedem Militärbezirk vor.

Der operativ-taktische Raketenkomplex 9K714 OKA der neuesten Generation wurden am 31. Januar 1990 den Vertretern der

Presse vorgestellt. Ein Appell in der 5. Raketenbrigade leitete die Vorstellung des Raketenkomplexes 9K714 OKA ein. Es war zugleich der Appell zur Außerdienststellung dieses Raketenkomplexes. Der Raketenkomplex der sowjetischen Streitkräfte unterlag dem INF-Vertrag vom 8. Dezember 1987. Dieser von US-Präsident Reagan und Parteichef Gorbatschow unterzeichnete Vertrag sah die Vernichtung und ein Produktionsverbot aller Raketen kürzerer und mittlerer Reichweite (500 bis 5.500 Kilometer) vor.

Der Raketenkomplex 9K714 OKA war in die Streitkräfte der DDR, der CSSR und Bulgariens eingeführt worden. Mit dem INF-Vertrag versiegte für diese Länder der Nachschub an Raketen, Gefechtsköpfen und Ersatzteilen aus der Sowjetunion für diese gerade erst eingeführte Bewaffnung.

Oberstleutnant a. D. Holger Warning, damals Oberoffizier Operativ-taktische und Taktische Raketen beim Chef Raketen- und Waffentechnischer Dienst des Kommandos Landstreitkräfte, erinnerte sich an diesen Schritt. »1976 wurde ich zum Leutnant

US-amerikanische Inspektionsgruppe in Demen, 20. April 1990

*Abrüstung in Demen: eine Startrampe 9P71 des Raketenkomplexes
9K714 OKA wird zerlegt, 1990*

ernannt und in die 5. Raketenbrigade versetzt, dort sollte ich bis
zum Ende der NVA bleiben. Als Meteorologe war ich zwar nicht
der geborene Fachmann für Raketen, aber über den Umweg eines
Batteriechefs einer Technischen Batterie gelangte ich nach mehreren Ausbildungsgängen 1987 auf den Dienstposten des Oberoffi-
ziers operativ-taktische und taktische Raketen beim Chef Rake-
ten- und Waffentechnischer Dienst im Kommando Landstreitkräfte in Potsdam.

Die Abrüstung und Entsorgung der Boden-Boden-Raketen der
NVA begann eigentlich schon mit meinem Arbeitsbeginn in Potsdam. Während noch 1987 der erste Start einer Rakete 9M714
OKA als Höhepunkt gefeiert wurde und am Standort Zeithain
das Raketensystem 9K79 TOTSCHKA ausgeliefert wurde, zeigten sich bei den älteren Raketensystemen 8K14 und 9K52
LUNA-M gravierende Einschnitte im Lebenszyklus der Waffensysteme.

Für das Raketensystem 8K14 bestand die Notwendigkeit, entscheidende Bauteile aufgrund ihrer Überalterung zu wechseln.
Dies wäre ein sehr kostspieliges Unterfangen gewesen, für das
keine Mittel eingeplant waren. Wir setzten auf einen Neuerervor-
schlag aus der Kontrollgruppe des Chefs Raketentruppen und

Artillerie. Oberstleutnant Krümmel hatte eine Idee, wie der Lebensdauerzyklus der Baugruppen und die Forderung nach ständiger Gefechtsbereitschaft für die nächsten fünf Jahre in Einklang zu bringen waren. Die komplette Entsorgung des Waffensystems 8K14 kam jedoch schneller.

Im Rahmen des Austritts der DDR aus dem Warschauer Vertrag wurden mit der sowjetischen Seite Vereinbarungen über die Rückführung sensibler Waffensysteme und Ausrüstungen getroffen. Darunter befanden sich ein modernes Führungssystem, komplette Chiffrier- und Verschlüsselungssysteme, die noch nicht eingeführte Panzerabwehrlenkrakete *Sturm* für den Hubschrauber Mi 24 und natürlich die Raketenkomplexe 8K14 und 9K79 TOTSCHKA.

Die Sammlung der beiden Raketensysteme einschließlich der Ausbildungsgeräte, Gewichtsmodelle, Bodenausrüstung, Transport- und Betankungsfahrzeuge in militärischen Objekten der NVA war Sache der beiden Militärbezirke. Diese Führungsleistung absolvierten Oberstleutnant Jablonski und Hauptmann Zehnel, Oberoffiziere in den Militärbezirken, mit Bravour. Beide führten die Transporte an die mit der sowjetischen Seite vereinbarten Orte der Übergabe.

Die sowjetische Seite nahm eine sehr strenge Übernahme- und Vollzähligkeitsprüfung vor. Aus Gesprächen mit Vertretern des sowjetischen Außenhandels, die die sowjetische Übernahmegruppe begleiteten, war zu hören, dass diese Raketenkomplexe sofort in den Irak verkauft werden sollten.

Nicht anders erging es bereits zuvor dem Waffensystem 9K714 OKA. 1987 hatte ich beim Raketenschießen der 5. Raketenbrigade noch den Flug der ersten und letzten NVA-OKA-Rakete beobachtet. Im Dezember 1989 wies die Modrow-Regierung in Umsetzung des INF-Vertrages deren Ausmusterung an. Diese erfolgte unter Kontrolle von US-Offizieren in Demen. Dabei wurden jeweils Startrampe und Raketentransportfahrzeug mit Laser vermessen, um solche Objekte künftig per Satellit schnell identifzieren zu können. Eine »entmilitarisierte« Startrampe sowie ein Raketentransportfahrzeug fanden später ihren Weg in das

Armeemuseum Dresden. Die sowjetische Seite entfernte noch zusätzlich aus den Prüffahrzeugen der Bodenausstattung sicherheitsrelevante Baugruppen.

Das Problem waren die Raketen. Die russische Seite verweigerte die Rücknahme. In verschiedenen Berichten finden sich Hinweise auf Überlegungen zur Zerstörung und Entsorgung der Feststofftriebwerke und herkömmlichen Gefechtsköpfe des Raketensystems OKA.

Die sowjetische Seite beharrte auf einer unverzüglichen Sprengung der Triebwerke und der konventionellen Gefechtsköpfe auf dem Territorium der DDR. Diese m. E. unsinnige Forderung wurde von einigen militärischen Entscheidungsträgern in der NVA unterstützt. Es kam somit zu einer Probesprengung von Gewichtsmodellen auf dem Truppenübungsplatz Klietz, um die deutsche Seite in die Sprengung der Triebwerke und Gefechtsköpfe einzuweisen. Die inzwischen ins Amt gekommene Landesregierung von Sachsen-Anhalt hatte den Mut, eine Umweltkatastrophe in Klietz zu verhindern. Vertreter hatten an der Abschlussbesprechung auf dem Truppenübungsplatz Klietz teilgenommen, in der die Entscheidung für die Sprengung getroffen werden sollte, und sich dagegen gewandt.

Das war eine richtige Entscheidung. Später erfuhren wir von den Folgeschäden, die die Sprengung von SS-23 in der kasachischen Steppe verursacht hatten, etwa die Bildung von Salzsäure.

Am 3. Oktober 1990 erbte die Bundesrepublik Deutschland dieses Problem.

Ein anderes Problem brachte das Raketensystem 9K52 LUNA-M. Die Raketen bzw. deren Pulvertreibstoff waren zu alt und wurden durch die sowjetische Seite im Rahmen der Erklärung zur Nutzbarkeit nicht weiter verlängert. Also wurde bereits 1988 ein Plan zum verstärkten Verbrauch von LUNA-M-Raketen bei Übungen erarbeitet. Die Abgabe des Raketensystems 8K14 kam dieser Sache noch entgegen – mit der Rückführung der 8K14 wurden die bestehenden Raketenbrigaden operativ-taktischer Bestimmung in taktische Raketenbrigaden überführt und die noch bestehenden

Raketenabteilungen der Divisionen in diese integriert. Die Zeit arbeitete aber auch gegen diesen Plan. Am 3. Oktober 1990 gingen die verbliebenen Waffensysteme einschließlich ihrer Raketen und herkömmlichen Gefechtsköpfe in den Bestand der Bundeswehr ein.

Trotz intensiver Kontakte mit deren Vertretern in den Sommermonaten 1990 und der Übergabe umfangreicher Dokumentationen zu Bestand, Alter und Verwendungsmöglichkeiten der Waffensysteme und des Materials stellte die Meldung über einsatzbereite Raketenbrigaden taktischer Bestimmung am 4. Oktober 1990 einen Schock für das neue Heereskommando OST in Potsdam dar. Offenkundig hatten die USA ihren Verbündeten die Existenz der OKA-Raketen verschwiegen, und die Bundeswehroffiziere hatten damals ihr Wissen für sich behalten.

Mit der Sichtung, dem Zusammenführen sowie der Planung und Durchführung der Entsorgung/Verschrottung des NVA-Materials wurde das neu aufgestellte Heereskommando OST mit seiner Generalstabsabteilung 4 (Logistik) beauftragt. Dazu wurde in dieser Abteilung ein eigenes Dezernat gebildet.

Um die Raketenbrigaden zu entwaffnen, wurden deren Raketen und herkömmliche Gefechtsköpfe zwecks Zwischenlagerung in die ehemalige Raketentechnische Basis 2 Brück (RTeB-2) beordert. Die OKA-Raketen und Gefechtsköpfe waren dort bereits vollständig eingelagert. Gleichzeitig erfolgte die Bereitstellung der Bodenprüfausrüstung für OKA-Raketen und Gefechtsköpfe, um die Sicherheit der Raketen und Gefechtsköpfe bis zur ihrer Verschrottung gewährleisten zu können. Fachpersonal zur Durchführung erforderlicher Prüfungen wurde rekrutiert und sollte gegebenenfalls die Handhabungs- und Transportsicherheit der OKA-Raketen und deren Gefechtsköpfe sicherstellen.

Aus persönlichen Gesprächen mit dem letzten Kommandeur der RTeB-2 und ersten Kommandanten des Zentralen Mob-Stützpunktes (ZMobStPkt) Brück/Neuseddin, Oberstleutnant Enders, war zu erfahren, dass besonders die OKA-Raketen noch immer im Visier der US-Militärs standen. Deren Wunsch, mit diesen Raketen einmal allein gelassen zu werden, wurde entsprochen.

Gemäß der Abgrenzung des militärischen Auftrages der Bundeswehr in Übereinstimmung mit dem Grundgesetz §§ 87a und 87b wurde das Bundesamt für Wehrtechnik und Beschaffung mit der wirtschaftlichen Seite der Entsorgung der NVA-Technik, Munition und Raketen beauftragt.

Dem Vernehmen nach wurden die LUNA-M-Raketen direkt zu munitionsverarbeitenden/entsorgenden Firmen verbracht. Angeblich soll aus dem Pulver Blumenerde gefertigt oder unter diese gemischt worden sein, was ich aber bezweifle.

Weiterhin wurden Raketen vom Raketenkomplex 9K52 durch Wehrwissenschaftliche Einrichtungen der Bundeswehr untersucht und zwecks Darstellung ihrer Wirkung außerhalb von Deutschland verschossen.

Die Entsorgung der Raketen, insbesondere der OKA-Raketen, zog sich nach Angaben des vorletzten Kommandanten des ZMobStPkt, Oberstleutnant Koppe, bis Ende 1994 hin. Erst dann waren seine Lagerhallen raketenfrei. Nach nicht offiziellen Informationen sollen die Triebwerke 9M714 über der Nordsee durch eine zivile Firma ausgebrannt worden sein.

Eigentlich ist es immer so, dass man der Nachwelt eine Dokumentation zur Vergangenheit hinterlässt, die dann erforscht, verdreht, richtiggestellt oder auch mal für Zukunftsentscheidungen genutzt werden kann.

Seit Gründung des Kommandos Landstreitkräfte waren alle Vorgänge und Unterlagen zu den Raketenkomplexen, Befehle und Fernschreiben fein säuberlich abgelegt worden. Mit der Vorbereitung zur Übernahme der NVA durch die Bundeswehr wurden diese Akten nicht vernichtet. Selbst die ersten Bundeswehroffiziere am Standort Potsdam sahen darin ein wichtiges Zeitzeugnis.

So ist es dem ersten Kommando-Ingenieur im Heereskommando OST, Oberstleutnant Schiele, zu verdanken, dass diese Akten sauber und ordentlich in den Kellerräumen des Stabsgebäudes in Potsdam Wildpark-West eingelagert wurden. Dies war nötig, weil natürlich das neue Bundeswehrmaterial mit seinen Akten Platz in den Schränken beanspruchte. Nun geht das Leben nicht immer gerade Wege – im Dezember 1990 entdeckten neu zuversetzte Bundeswehrsoldaten angeblich geheime Angriffspläne der Nationalen Volksarmee – ehemalige Unterlagen für eine Übung von NVA-Truppenteilen. Darauf begann die Suche nach geheimen Plänen in allen Kellern durch einige hysterische Bundeswehrsoldaten. Es wurden Schränke aufgebrochen, Aktenbündel geöffnet, Seiten aus Ordnern gerissen und die Dokumente auf Kellerfußböden und -gängen verstreut. Eine neuerliche Archivierung war fast aussichtslos und sollte auch nicht erfolgen, da wenige Tage danach ein Wasserrohrbruch den Rest besorgte. Nach Trockenlegung konnte die steinhart gewordene Papiermasse nur noch herausgebrochen und entsorgt werden.

Das Archiv des Raketen- und Waffentechnischen Dienstes im Kommando Landstreitkräfte hatte aufgehört zu existieren.

Inwieweit solche Aufzeichnungen zu den Raketenkomplexen aus den beiden Militärbezirken den Weg in die heutigen Archive der Bundeswehr fanden, ist mir nicht bekannt. Bei meinem Dienstantritt Ende Februar 1994 in Leipzig war dort zum Beispiel nichts mehr vorhanden.

Jahre später, inzwischen Berufssoldat der Bundeswehr und im Stab des damaligen Wehrbereichskommando 7 und der 13. Panzergrenadierdivision eingesetzt, führte ein Besuch unserer Generalstabsabteilung 4 des Militärmuseums in Dresden auch in die sogenannte Asservatenkammer/Freigelände. Dort wurde das Militärgerät aufbewahrt, das nicht ausgestellt wird. Unser Interesse galt vor allem zwei großen gepanzerten und schwimmfähigen Radfahrzeugen – der einzig verbliebenen Startrampe und dem einzig verbliebenen Raketentransportfahrzeug des Raketenkomplexes 9K714.

Aufgrund meiner neuen Tätigkeit in der Bundeswehr hatte ich auch viel mit Feuerwerkern zu tun. Es muss Ende 1996 gewesen sein, als mein Feuerwerker aufgeregt zu mir kam und mir mitteilte, die zuständige Standortverwaltung für die Kaserne Tautenhain (ehemaliger Standort der 3. Raketenbrigade) habe einen Gefechtskopf gefunden. Wir fuhren sofort von Leipzig nach Tau-

Raketenkomplex	Startrampen	Raketen
9K52 LUNA-M	46* Verbleib unbekannt 1* Abgabe an die USA 1* Abgabe an Großbritannien	256* Übergabe an Bundeswehr davon ca. 70* Verschrottung in Pinnow durch Fa. Buck davon 4*Abgabe an USA davon 2*Abgabe an Frankreich
9K72	21* Abgabe an die Westgruppe der Sowjetischen Streitkräfte 1* Abgabe Militärhistorisches Museum 1* Havarie	ca. 100*Abgabe an die Westgruppe der sowjetischen Streitkräfte
9K714 OKA	3* Verschrottung 1* Abgabe Militärhistorisches Museum	24* Übergabe an Bundeswehr
9K79 TOTSCHKA	8* Abgabe an die Westgruppe der sowjetischen Streitkräfte	51* Abgabe an die Westgruppe der sowjetischen Streitkräfte

Was aus den Startrampen und Trägern der NVA wurde

tenhain, öffneten den Transportcontainer und – schütteten uns aus vor Lachen. Es war ein Gewichtsmodell der Rakete 9M21.«

Am 20. April 1990 besuchte eine US-Inspektorengruppe die 5. Raketenbrigade und die Bewegliche Raketentechnische Basis 5 im Standort Demen, um sich über den Stand der Abrüstung zu informieren. Nach Angaben von Generaloberst Leonid G. Iwaschow war die amerikanische Seite über das Vorhandensein dieser Raketen außerhalb der sowjetischen Streitkräfte informiert worden. Offenkundig wussten MAD und BND davon nichts.

Was passierte mit den 24 von der Bundeswehr übernommenen Raketen 9M714 OKA? Die Bundesregierung unterrichtete am 14. April 1994 den Bundestag: »Mit der Wiederherstellung der deutschen Einheit sind aus den Beständen der ehemaligen Nationalen Volksarmee (NVA) auch 24 Raketen des Typs SS 23 (9M714) in den Besitz der Bundesrepublik Deutschland übergegangen. Diese Raketen unterliegen nicht dem INF-Vertrag, da sie bereits vor dem Inkrafttreten des Vertrages von der Sowjetunion an die Deutsche Demokratische Republik übergeben worden waren. Aus rüstungskontrollpolitischen Erwägungen hat die Bundesregierung beschlossen, diese Raketen in der Bundesrepublik Deutschland zu vernichten. Die Demilitarisierung der Raketen wurde bereits abgeschlossen; unter Beachtung der strengen Umweltschutzauflagen wird auch der Raketentreibstoff bis voraussichtlich 1993 umweltverträglich entsorgt werden.«[2]

Generalmajor a. D. Heinz Hampel erinnerte sich der Abrüstung der Raketenbrigaden: »Im Dezember 1989 hatte Ministerpräsident Modrow entschieden, OKA zu zerstören. Mit der Demontage und Vernichtung der Startaggregate wurde sofort begonnen. Dabei wurde deutlich, dass die Zerstörung so aufwendig war wie die Produktion. Zum Abschluss erschien im Objekt Demen eine Gruppe von Offizieren der US-Armee zur Kontrolle, sie sah aber nur noch zerlegte und zerschnittene Teile unserer einst stolzen Technik.

Die Triebwerke konnten, trotz Bemühungen, weder an die Sowjetunion zurückgegeben noch in unserem Lande vernichtet werden. Für die Rücknahme hat sich später Minister Eppelmann bei Marschall Jasow eingesetzt und nichts erreicht. Alle sowjetischen Träger dieses Waffensystems waren in Kapustin Jar unter amerikanischer Aufsicht vernichtet worden. Eine ähnliche Vernichtung in Deutschland mussten wir ablehnen. Uns war die Zusammensetzung der Treibmittel nicht vollständig bekannt. Wir fürchteten darum eine Schädigung der Umwelt.

Eine sowjetische Expertenkommission, bestehend aus zwei Generalen und etlichen Offizieren, nahm unaufgefordert unsere Tech-

Vor der Versuchssprengung eines konventionellen Raketengefechtskopfes

Generalmajor Heinz Hampel (Vierter von rechts), Chef der Verwaltung Raketentechnischer Dienst, mit der sowjetischen Expertenkommission bei der Versuchssprengung eines Raketengefechtskopfes

nik in Augenschein. Ich war mit ihnen auf dem Truppenübungsplatz in Klietz. Sie meinten, dass man sprengen könne. Da aber Klietz nicht in Kasachstan lag, lehnten wir ab.

Erwogen wurde auch die Verbringung in die tiefsten Wismutschächte oder die Sprengung bei Peenemünde, also auf dem früheren V2-Versuchsgelände. Auch das lehnten wir ab.

Auf die Idee aber, dass unsere Systeme lediglich auf eine Reichweite von 300 Kilometer ausgelegt waren und darum eigentlich nicht unter die Bestimmungen des INF-Vertrages fielen, kam niemand. Man hätte sie darum nicht vernichten müssen. Das System OKA entsprach dem letzten Stand der Technik. Das System war mit vier Startrampen bei uns und nach meiner Kenntnis auch in der tschechoslowakischen Volksarmee vorhanden, vermutlich auch in der bulgarischen. Das Personal unserer Abteilung war gut ausgebildet, trotz kompletter Geheimhaltung. Die Rampen besaßen alle technischen Elemente zur Startvorbereitung, Vorstartüberprüfung, Vermessung, Errechnung und Vorbereitung der Angaben für den

Start, Führungsmittel und Hebetechnik. Es bedurfte nicht mehr der zahlreichen und verschiedenen Begleit- und Sicherstellungstechnik wie bei 8K14.

Im Zuge übertriebener Abrüstungs-Hektik stand zudem die Frage: Was geschieht mit dem operativ-taktischen System 8K14 (R 300, SCUD-B), Reichweite 300 km?

Der Raketenkomplex befand sich seit 1968 in der Ausrüstung der NVA, ursprünglich auf Radbasis nur in der 5. RBr des MB V, die jeweils notwendigen Teile davon in den Beweglichen Raketentechnischen Basen, dem Raketen- und Waffentechnischen Lager, der Raketentechnischen Basis 2 und den Lehreinrichtungen. Ab 1973 bildete die III. RA/5. RBr die Basis für die Aufstellung der 3. RBr des MB III.

Die Spezialtechnik der Brigaden bestand aus Raketenstartrampen, -transportfahrzeugen, Kopfteiltransportwagen, Hebezeugen (Krane), Tankwagen für Oxydator und Treibstoff, Neutralisationsfahrzeugen, Aggregaten, Kompressoren, Prüffahr-, Vermessungs-, Führungsfahrzeugen mit Rechentechnik, für Führungszwecke umgerüsteten allgemeinen Stabsbussen, Nachrichten-, Ersatzteilfahrzeugen (EWZ), Raketenträgern (Triebwerke) sowie Meteorologenausrüstung und Pioniertechnik.

Der Komplex sollte vernichtet werden. Eine Überschlagsrechnung ergab einen erheblichen Kräfte- und Mittelaufwand. Ebenfalls wäre viel Zeit und Material notwendig. Wir hatten bei der Liquidierung der Komplexe R 30 und R 170 vor einigen Jahre Erfahrungen gesammelt. Dennoch zogen wir die Übergabe an die Sowjetarmee vor. Die DDR hatte sie damals bezahlt, sie sollten sie gratis bekommen und dafür aus unseren Objekten unentgeltlich abholen. Die Sowjetarmee übernahm die gesamte Raketentechnik einschließlich Zubehör, Ersatzteilen, Werkzeug sowie Ausbildungsmitteln und -geräten in einem guten, teilweise sehr guten Zustand.

Generaloberst Goldbach und ich sahen einen großen Teil unserer Raketentechnik zum letzten Mal auf dem Truppenübungsplatz Wittstock in Reih und Glied aufgefahren. Das ausgerichtete Bankett war für alle Beteiligten eine traurige Abschiedsvorstellung. Immerhin waren seit 1962 Tausende NVA-Angehörige an dieser Technik gut ausgebildet worden. Die Verbände und Truppenteile der Raketentruppen der Landstreitkräfte waren Elitetruppen. Seit dem 30. April 1990 gab es die operativ-taktischen Raketentruppen nicht mehr. Es war alles weg! Hatte es uns überhaupt jemals gegeben?

21 Startrampen 9P117M bzw. 9P117M1 des Raketenkomplexes 9K72 wurden an die Westgruppe der sowjetischen Streitkräfte übergeben. Auch die Startrampen des Raketenkomplexes 9K79 wurden ebenfalls an die GSSD übergeben.

Oberbrandinspektor Siegfried Kübler, damals Wehrleiter der Freiwilligen Feuerwehr Bad Düben, erinnerte sich an die Havarie der Lehrgefechtsstartrampe 9P117M1 der Offiziershochschule, als diese am 10. April 1990 zur Übergabe an die sowjetischen Streitkräfte unterwegs war: »1 Uhr am Dienstag, dem 10. April 1990, gab es Sirenenalarm. Bereits um 1.05 Uhr rückte der Löschzug aus, er bestand aus einem Tanklöschfahrzeug TLF 16 auf Lkw W50, einem Löschfahrzeug LF 16 auf Lkw W50 und einem Löschfahrzeug LF8-TS8-STA auf Lkw Robur LO 2002 A. Nach kurzer Fahrzeit erreichten wir den südöstlich von Treuenbrietzen an der B 102

Die ausgebrannte Startrampe 9P117M1 der Offiziershochschule Zittau in Bad Düben

in Richtung Jüterbog gelegenen Einsatzort. In fünf Kilometern Entfernung befanden sich das Alte und Neue Lager und ein versteckter Militärflughafen. Vor uns stand eine mobile Raketenstartrampe kurz hinter der Muldenbrücke, ein Reifen in der Mitte des Fahrzeuges brannte. Ich verständigte mich mit dem verantwortlichen Offizier, ob für die Einsatzkräfte und für die Stadt Bad Düben Gefahr bestünde, wenn das Ding hochgeht, also Vorsichtsmaßnahmen zu treffen seien. Das wurde von dem Offizier und einem danebenstehenden Unteroffizier verneint.

Das Ablöschen des Reifenbrandes war für uns kein Problem. Danach trat Bremsflüssigkeit oder Öl am Achskörper aus und wir berieten, wie wir die Raketenrampe von der Straße bekämen. Ein großes Abschleppfahrzeug war nicht vorhanden, auch nicht in der zweiten NVA-Dienstelle in Stadt Bad Düben.

Nach mehreren Versuchen bewegte sich die Raketenstartrampe jedoch aus eigener Kraft langsam vorwärts. Auf der linken Seite, wo der Reifen gebrannt hatte, fuhren wir mit dem Tanklöschfahrzeug TLF16 nebenher, um sofort eingreifen zu können.

Die Raketenstartrampe rollte stadteinwärts und wurde auf dem Fußweg vor einer nicht bebauten Fläche abgestellt.

Nun ging das Gerangel um die Zuständigkeit los. Polizei und Militär war reichlich vor Ort. Ich übergab an die Polizei und beendete den Einsatz gegen 5.30 Uhr.«

Anmerkungen

1 Adolf Kosanke, 1985, Erfahrungen aus der Planung, Organisation und Führung von Schlägen mit Raketen herkömmlicher Ladung im Angriff, in VVS-Nr: B 896 202 VS Militärwesen 2/85, S. 17
2 Deutscher Bundestag, 1992, Drucksache 12/2442 des Deutschen Bundestages »Unterrichtung durch die Bundesregierung« vom 14. 4. 1992

Nachwort

»Mit dem 2. Oktober 1990, 24.00 Uhr, hört nach dem Willen unseres Volkes die Deutsche Demokratische Republik auf zu bestehen, aber nicht ihre Menschen. Mit dem 2. Oktober 1990, 24.00 Uhr hört die Nationale Volksarmee auf zu bestehen, aber nicht ihre Soldaten und Zivilbeschäftigten«[1], erklärte der Minister für Abrüstung und Verteidigung der DDR, und fügte an: »Hiermit entlasse ich Sie, als Angehöriger oder Zivilbeschäftigter der Nationalen Volksarmee, aus Ihren Verpflichtungen, die Sie gegenüber der Deutschen Demokratischen Republik zu erfüllen hatten.«

Mit diesem Befehl war das Ende der Nationalen Volksarmee, somit auch das der Raketentruppen, besiegelt. Kam das Ende der Nationalen Volksarmee überraschend?

Generalmajor a. D. Roland Großer, Chef der Raketentruppen und Artillerie der Landstreitkräfte bis 30. September 1990, antwortete darauf bei einem Treffen ehemaliger Angehörigen der 3. Raketenbrigade am 8. Oktober 2005 in einem Vortrag:

»Aber nun ist das alles Geschichte, wir sind an die Bundesrepublik Deutschland gemäß Beitrittsgesetz angeschlossen worden und alle Theorie über Konföderation oder Eingliederung ist in der konkreten Wirklichkeit gescheitert.

Aus diesem Grunde möchte ich einige Ausführungen zu diesem Thema *Unser Ende*, auch als Gesprächsgrundlage machen. Ich stütze mich dabei heute auf eine Ausarbeitung eines Offiziers der Bundeswehr, der in Potsdam diente und eine recht gute Analyse und ein Loblied auf unsere Waffengattung Raketentruppen und Artillerie verfasst hat.

Gemäß Kampfbestandsmeldung vom 8. November 1989 verfügte die Waffengattung Raketentruppen und Artillerie über folgende Waffensysteme bei *Voller Gefechtsbereitschaft* (VG):

- Startrampen für
operativ-taktische Raketen   26 (4 SS-23 u. 22 SCUD B)
taktische Raketen   48 (8 SS-21 u. 40 FROG 7)

• Artilleriesysteme	2357, davon
Geschosswerfer	319 (RM-70, BM-21, BM-24)
Panzerhaubitzen 152 mm 253M	90
Panzerhaubitzen 122 mm 2S 1	350
Kanonenhaubitzen 152 mm D-20	135
Kanonen 130 mm T 1954	174
Haubitzen 122mm D-30, M-38	788
Kanone 85mm	9
Granatwerfer 120mm 43/2B11	178
Granatwerfer 82mm 37	314

• Panzerabwehrmittel	1203, davon
Startrampen der Panzerabwehrlenkraketen	681
auf Gefechtsfahrzeugen (BTR-40)	306
tragbar (FAGOTT, SPIGOTT)	375
Panzerabwehrkanonen 100 mm	257
Panzerabwehrkanonen 85 mm	48
SPG 73 mm 9D (rückstoßfrei)	217

Das ist schon eine erkleckliche Anzahl von Feuerkraft, man muss nur noch die vorhandene Munition dazurechnen.

Dieses gesamte Potential wurde verhökert oder vernichtet – also nicht beigetreten, und der Kaderbestand mit ganz wenigen Ausnahmen ebenfalls.

21 Startrampen für operativ-taktische Raketen hatte das Ministerium für Abrüstung und Verteidigung der Deutschen Demokratischen Republik unter Minister Eppelmann an die Westgruppe der Sowjettruppen zurückgegeben.

Dabei ist – was wenig bekannt ist – eine Startrampe 9P117M bei Überführung ausgebrannt. Von vier Startrampen 9P71 [*OKA, SS-23 – d. Hrsg.*] wurden drei zerlegt, also unbrauchbar gemacht, und eine dem Militärhistorischen Museum in Dresden übergeben.

Zusätzlich zu den 9P117M wurden vier Startrampen 9P129 (*TOTSCHKA, SS-21 – d. Hrsg.*) der Raketenabteilung 7 an die Sowjets zurückgegeben.

Der Vergleich zwischen den Stäben, Dienststellen, Ausbildungseinrichtungen und Verbänden der Artillerietruppe der ehemaligen Nationale Volksarmee mit der Handvoll Artillerieverbände der Bundeswehr Ost beweist, dass die sogenannte Integration der NVA in die Bundeswehr nichts anderes als eine Abwicklung war.

Die Raketentruppen und Artillerie der Landstreitkräfte der Nationalen Volksarmee wurden vollständig abgewickelt. Dabei hatten Generale und Oberste seit dem 18. März 1990 mit einem zivilen Verteidigungs- und Abrüstungsminister an der Spitze bis Ende September 1990 geglaubt, dass die NVA zwar gewaltig abspecken müsste, etwa um 50 Prozent, dass die Bundeswehr aber geschlossene Formationen der NVA als Bundeswehr Ost übernehmen und in die Gesamt-Bundeswehr integrieren würde.

Anlässlich meines Besuchs beim General der Artillerie der Bundeswehr in Köln im Juli 1990 brachte ich einen detaillierten Vorschlag über Struktur, Stationierung, Kampftechnik und Bewaffnung der Artillerie der Bundeswehr Ost ab 3. Oktober 1990 mit. Das war zu jenem Zeitpunkt noch nicht vorgesehen, also Spekulation, es ging um das Kennenlernen mit dem Ziel, Standorte und Truppenteile der Nationale Volksarmee zu erhalten.

Beim Gegenbesuch bei uns habe ich moderne Standorte und Ausbildungsbasen vorgeführt und dabei Erstaunen seitens der Bundeswehr-Vertreter erleben können. Der Glaube an eine Integration unserer Armee wurde aus meiner Sicht endgültig begraben, als vier Tage vor dem Anschluss der DDR an die Bundesrepublik Deutschland alle Generale der NVA mit Wirkung vom 2. Oktober 1990, 24.00 Uhr, entlassen wurden. Es wurden keine sachkompetenten Generale/Offiziere benötigt, weil die vollständige Abwicklung vorgesehen war.

Ursprünglich, so hatten wir es geplant, sollten die Landstreitkräfte der Nationale Volksarmee zwischen April und September

1990 im Vorgriff auf die gemäß Fünfjahrplan vorgesehene *Struktur 93* umgebaut werden. Sie sah sechs Brigaden der ständigen Gefechtsbereitschaft und den Wegfall der Divisionsebene vor.

Diese Maßnahmen erfolgten gewiss im vorauseilenden Gehorsam gegenüber Bonn und diente der Beschäftigung der Stäbe, die für die Planung verantwortlich waren. Damit wurde ein *Ruhighaltepotenzial* geschaffen. Ich glaube heute, dass das absichtlich so angewiesen wurde. Wir glaubten jedenfalls daran, etwas Richtiges und Wichtiges für unsere Armee zu tun. Das erwies sich jedoch als nutzlos, wenn man damit die Rettung eines Teils der Nationalen Volksarmee im Sinn gehabt haben sollte.«[2]

Die NVA als Friedensarmee hatte in der Zeit des Umbruches des politischen Systems in der DDR gemäß Aussagen der Regierenden nach dem 18. März 1990 einen anderen Umgang mit den Soldaten der NVA, auch mit den Generalen und Admiralen, erwarten lassen. Diese Erwartung erwies sich als Illusion. Der bis-

Abschiedstreffen am 29. September 1990 im Artillerieregiment 3 in Leipzig: leitende Offiziere der Raketentruppen und Artillerie des Militärbezirkes III

herige Klassengegner zeigte sich als ein solcher, d. h. er blieb das, was er immer war. Jeder der bislang meinte, dass das, was er in der militärpolitischen Schulung gehört hatte, nicht so ernst zu nehmen sei, spürte, dass er sich geirrt hatte: *Die* waren wirklich so, wie man immer gesagt bekommen hatte.

Die Abwicklung der NVA stellte einen tiefen Einschnitt im Leben der meisten Militärangehörigen dar, ihre soziale Lage verschlechterte sich augenfällig. Die über Jahre gewachsenen sozialen Kontakte gingen verloren. Nicht jeder fand in den neuen Verhältnissen einen anderen Platz, seine fachliche Qualifikation wurde auch im zivilen Bereich selten gebraucht.

Einige Ehemalige fanden sich aber nach und nach wieder zusammen. Auf einer Zusammenkunft 2011 sagte Oberstleutnant a. D. Franz Schubert, einst Stabschef der Beweglichen Raketentechnischen Basis 3: »Unser heutiges Treffen bietet Gelegenheiten sich auszutauschen und zu erfahren wie es dem Freund, Mitstreiter, Weggefährten seit dieser Zeit des gemeinsamen Dienens, Lernens, Arbeitens, Lebens, Streitens und auch Leidens ergangen ist. Hier und heute geht es nicht um DDR-Nostalgie und nicht um eine Verklärung der Vergangenheit. Mit einem durch die Zeit geschärften Blick schauen wir auf die Geschicht der NVA und speziell unseres Truppenteils zurück.

Offiziell am 1. März 1956 gegründet, endete das Dasein der Nationalen Volksarmee mit dem 2. Oktober 1990. Mit dem Beitritt der Deutschen Demokratischen Republik zum Geltungsbereich des Grundgesetzes der Bundesrepublik Deutschland erloschen die Rechte und Pflichten der Soldaten der Nationalen Volksarmee. Ihr Dienstverhältnis ruhte, so der Einigungsvertrag.

Am 4. Oktober 1990 übernahmen Offiziere der Bundeswehr das Kommando über alle militärischen Verbände und Einrichtungen in den neuen Ländern. Das irreführende Schlagwort von der *Armee der Einheit* war geboren.

Die angeblich vorbildhafte Vereinigung der Streitkräfte, die in Wirklichkeit eine Abwicklung der Nationalen Volksarmee war, begann unter Bundesverteidigungsminister Stoltenberg.

Kanzleramt und Bonner Hardthöhe misstrauten der ostdeutschen Armee zutiefst. Das Feindbild, dessen Existenz immer bestritten worden war, lebte fort und wurde nunmehr auch innenpolitisch sichtbar. Ziel war die restlose Delegitimierung der Nationalen Volksarmee, verbunden mit pauschaler Diffamierung ihrer Soldaten. Da fiel auch nicht ins Gewicht, dass die Nationalen Volksarmee im Herbst 1989 nicht die Waffen gegen das Volk gerichtet hatte.

Von 2.110 Obersten und Kapitänen waren Mitte 1991 gerade noch 28 angestellt. Jene, denen ein Zeitvertrag angeboten worden war, wurden in der Regel um einen oder zwei Dienstgrade herabgestuft. Von 8.180 Oberstleutnanten hatten 1991 noch 612 einen Vertrag. Etwa drei Viertel aller NVA-Offiziere quittierten bis Ende 1991 ihren Dienst. Wenig später war das ehemalige Offizierskorps auf 8,4 Prozent des alten Bestandes dezimiert. Die Bundeswehr übernahm 2.720 jüngere Offiziere. Den angestellten ostdeutschen Soldaten wurden nur 60 Prozent des Regelgehaltes ausgezahlt, während man Westdeutschen, so sie in den Osten geschickt wurden, noch eine *Buschzulage* drauflegte.

Am 9. Februar 1993 wurde den ehemaligen Offizieren das öffentliche Tragen ihres Dienstgrades mit dem Zusatz *d. R.* oder *a. D.* untersagt; von da an galten wir als *Gediente in fremden Streitkräften*. Das alte Wort *Vae victis* (Wehe dem Besiegten) ist noch immer gültig.

Die administrierte Abwicklung der Nationalen Volksarmee war 1995 abgeschlossen. Am 16. Februar 1995 wurde in die Traditionsrichtlinie (ZDV 10/1) der definitive Zusatz eingefügt: ›Unstrittig ist jedoch, dass die aufgelöste Nationalen Volksarmee keine Tradition für die Bundeswehr stiften kann.‹

Die Historisierung der Nationalen Volksarmee wird ihr den angemessenen Ort in der Geschichte zuweisen. Das wird nicht ohne kritischen Vergleich mit der Bundeswehr möglich sein.«[3]

1999, neun Jahre nach dem Ende der DDR und der NVA, nahmen erstmals seit dem Ende des Zweiten Weltkrieges deutsche Soldaten aktiv an einem Krieg teil. Auf dem Balkan, der in den

40er Jahren schon einmal mit deutschen Waffen umgepflügt worden war.

Derzeit – Juni 2013 – befinden sich etwa 6.300 deutsche Soldaten in Auslandseinsätzen, die meisten davon in Afghanistan. 103 verloren dabei ihr Leben. In Berlin wurde ein zentrales Ehrenmal der Bundeswehr errichtet, das an die über 3.100 Angehörigen der Bundeswehr erinnern soll, die im Dienst sowohl im Ausland als auch »an der Heimatfront« starben.

Anmerkungen

1 Rainer Eppelmann, Tagesbefehl des Ministers für Abrüstung und Verteidigung, 1990
2 Hans-Joachim Lauer u. a., Geschichte der 3. Raketenbrigade der Nationalen Volksarmee der Deutschen Demokratischen Republik, 2005
3 Auszüge aus dem Artikel zum 50. Jahrestag der Nationalen Volksarmee von Detlef Bald, München, Mitarbeiter im Institut für Friedensforschung und Sicherheitspolitik der Universität Hamburg, »Vae victis – Wehe dem Besiegten!«, in: *Neues Deutschland* vom 25./26. Februar 2006, S. 22

Anlagen

Militärbezirk III

3. Raketenbrigade

Ehrenname: Otto Schwab
Tarnname: Walet
Postfach: 19320
Standort: 1975 bis 1990 Tautenhain

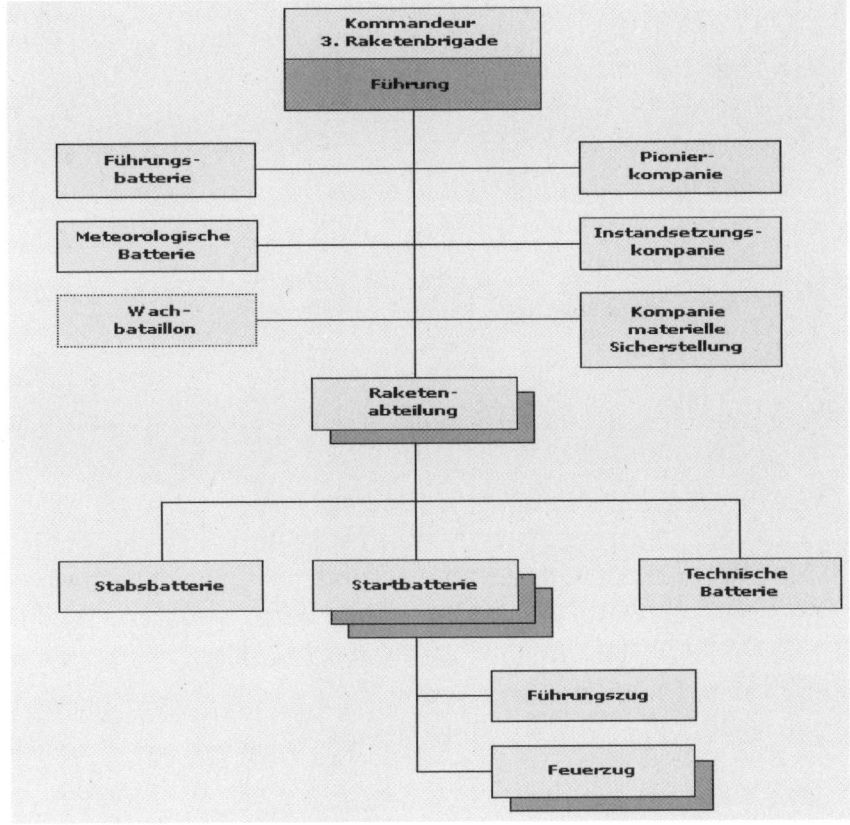

Struktur der 3. Raketenbrigade

Kurzchronik

25. Mai 1975:	Aufstellung der 3. Raketenbrigade mit zwei Raketenabteilungen
24. September 1976:	Erster Gefechtsstart einer Rakete 8K14
1.März 1978:	Verleihung der Truppenfahne an die 3. Raketenbrigade
September 1978:	Einführung der Startrampe 9P117M
29. Februar 1980:	Verleihung des Ehrennamens »Otto Schwab«
31. August 1988:	Letzter Start einer Rakete 8K14

Kommandeure der 3. Raketenbrigade
1974-1975: Oberstleutnant Armin Hoffmann
1975-1976: Oberstleutnant Karl-Heinz Hoffmann
1976-1982: Oberst Friedrich Peters
1982-1985: Oberst Gerhard Boh
1985-1990: Oberst Ewald Winzer

Kommandeure der I. Raketenabteilung
1975-1976: Oberstleutnant Günter Buntins
1976-1978: Oberstleutnant Gerhard Boh
1978-1980: Oberstleutnant Helmut Loos
1980-1984: Oberstleutnant Joachim Gähler
1984-1988: Oberstleutnant Helmut Picht
1988-1990: Major Lutz Langendorf

Kommandeure der II. Raketenabteilung
1975-1982: Oberstleutnant Oswald Glawion
1982-1984: Oberstleutnant Frank Unruh
1984-1985: Oberstleutnant Günter Mahncke
1985-1987: Oberstleutnant Lutz-Michael Fiedler
1987-1989: Major Dietmar Knobloch
1989-1990: Oberstleutnant Frank Weberling

Raketenabteilung 4

Ehrenname: Hugo Gräf
Tarnname: Liman
Postfach: 22451
Standorte: 1962-1969 Hermsdorf, 1969-1990 Erfurt

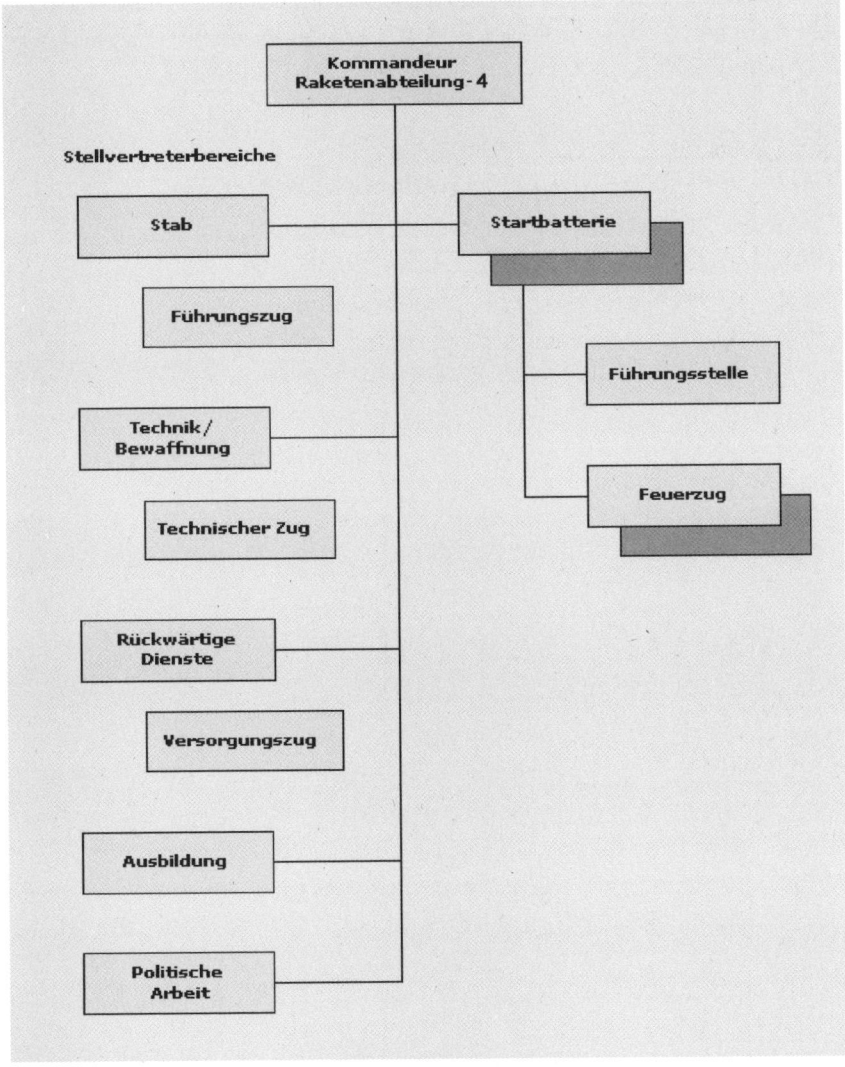

Struktur der Raketenabteilung 4

Kurzchronik

15. Juni 1962:	Aufstellung der selbständigen Artillerieabteilung 4
4. Oktober 1963:	Erster Gefechtsstart LUNA in Hillersleben
17. Februar 1964:	Übergabe der Truppenfahne
6. Oktober 1967:	Umbenennung in Raketenabteilung 4
1974:	Erster Gefechtsstart LUNA-M
28. Februar 1989:	Verleihung des Traditionsnamens »Hugo Gräf«
5. April 1989:	letzter Gefechtsstart LUNA-M

Kommandeure der Raketenabteilung 4
1962-1968: Oberstleutnant Gotthard Möschter
1968-1969: Oberstleutnant Georg Möbius
1969-1974: Oberstleutnant Armin Hoffmann
1974-1979: Oberstleutnant Armin Müller
1979-1990: Oberstleutnant Dietmar Huth

Raketenabteilung 7

Struktur: wie Raketenabteilung 4
Ehrenname: Alfred Kurella
Tarnname: Lafet
Postfach: 19901
Standort: 1963-1990 Zeithain

Kurzchronik
30. Mai 1963:   Abschluss der Unterbringung der selbstän-
                       digen Artillerieabteilung 11
15. Oktober 1964:   Erster Start einer Rakete LUNA
1. März 1965:   Verleihung der Truppenfahne
20. Mai 1965:   Umbenennung von selbständiger Artille-
                       rieabteilung 11 in selbständige Artillerieab-
                       teilung 7
7. Oktober 1967:   Umbenennung in Raketenabteilung 7
Mai 1968:   Erster Start einer Rakete LUNA-M
6. Oktober 1986:   Verleihung des Ehrennamens »Alfred
                       Kurella«
3. Oktober 1988:   Einziger Start einer Rakete TOTSCHKA
30. September 1990: Auflösung Raketenabteilung 7

Kommandeure der Raketenabteilung 7
1963-1974: Oberstleutnant Richard Buchheister
1974-1979: Oberstleutnant Günter Rabe
1979-1984: Oberstleutnant Rainer Zeuner
1984-1987: Major Börner Thomas
1987-1990: Major Lutz Rietzschel

Raketenabteilung 11

Struktur: wie Raketenabteilung 4
Ehrenname: Magnus Poser
Tarnname: Melnik
Postfach: 31259
Standorte: 1963 Zittau, 1963 Truppenlager Züllsdorf,
              1963 Spremberg, 1964-1990 Hermsdorf

Kurzchronik
24. April 1963:   Aufstellung als selbständige Artillerieabteilung 7
7. Oktober 1964:   Übergabe der Truppenfahne
19. Oktober 1964:   Erster Start einer Rakete vom Typ LUNA
20. Mai 1965:   Umbenennung in selbständige Artillerieabteilung 11 und Unterstellung unter die 11. Mot.-Schützen-Division
7. Oktober 1967:   Umbenennung in Raketenabteilung 11
1. März 1968:   Verleihung des Ehrennamens »Magnus Poser«
1975:   Erster Start einer Rakete LUNA-M
10. März 1988:   Letzter Gefechtsstart einer Rakete LUNA-M

Kommandeure Raketenabteilung 11
1963-1973: Oberstleutnant Heinz Hühler
1973-1975: Oberstleutnant Klaus-Peter Wrobel
1975-1980: Oberstleutnant Rolf Petzold
1980-1981: Oberstleutnant Ewald Winzer
1982-1990: Oberstleutnant Mandred Wilfer

Raketenabteilung 6

Struktur: wie Raketenabteilung 4
Ehrenname: Ernst Busch
Tarnname: Medjak
Postfach: 22861
Standorte: 1971-1974 Droben, 1974-1990 Haide

Kurzchronik
1. Dezember 1971: Aufstellung der Raketenabteilung 6
15. März 1973:   Erster Start einer Rakete LUNA
7. Oktober 1977: Verleihung der Truppenfahne
1978:   Erster Start einer Rakete LUNA-M
1. März 1986:   Verleihung des Ehrennamens »Ernst Busch«
5. Oktober 1988: Letzter Start einer Rakete LUNA-M

Kommandeure Raketenabteilung 6
1971-1975: Oberstleutnant Rudi Fischer
1975-1978: Oberstleutnant Klaus Köhler
1978-1984: Oberstleutnant Christian Herrmann
1984-1988: Oberstleutnant Werner Reinhold
1988-1990: Oberstleutnant Benno Quix

Raketenabteilung 10

Struktur: wie Raketenabteilung 4
Ehrenname: Rudolf Hallmeyer
Tarnname: Waga
Postfach: 61366
Standort: 1971-1990 Schneeberg

Kurzchronik
1. November 1971: Aufstellung der Raketenabteilung 10 (RA-10)
1972:   Erster Start einer Rakete LUNA
1973:   Verleihung der Truppenfahne
1979:   Erster Start einer Rakete LUNA-M
7. Oktober 1988:   Verleihung des Namens »Rudolf Hallmeyer«
15. April 1988:   Letzter Start einer Rakete LUNA-M

Kommandeure der Raketenabteilung 10
bis 1978: Oberstleutnant Werner Kießling
1978-1983: Oberstleutnant Uwe Wandschneider
1983-1985: Oberstleutnant Dieter Seifert
1985-1987: Oberstleutnant Siegfried Raabe
1987-1990: Oberstleutnant Georg Weber

Raketenabteilung 17

Struktur: wie Raketenabteilung 4
Ehrenname: ohne
Tarnname: Laika
Postfach: 10435
Standorte: 1971-1976 Bad Klosterlausnitz,
             1976-1980 Tautenhain, 1980-1990 Delitzsch

Kurzchronik
8. November 1971: Aufstellung in Hermsdorf
1973:   Erster Start einer Rakete LUNA
4. Oktober 1978:   Letzter Start einer Rakete LUNA
1980:   Erster Start einer Rakete LUNA-M
7. April 1989:   Letzter Start einer Rakete LUNA-M

Kommandeure der Raketenabteilung 17
1971-1972: Major Günter Heilmann
1972-1979: Oberstleutnant Friedrich Dietzsch
1979-1986: Oberstleutnant Olaf Ihbe
1986-1990: Oberstleutnant Peter Singer

Militärbezirk V

5. Raketenbrigade

Ehrenname: Bruno Leuschner
Tarnname: Ladan
Postfach: 52840
Standorte: 1962-1977 Stallberg, 1977-1990 Demen

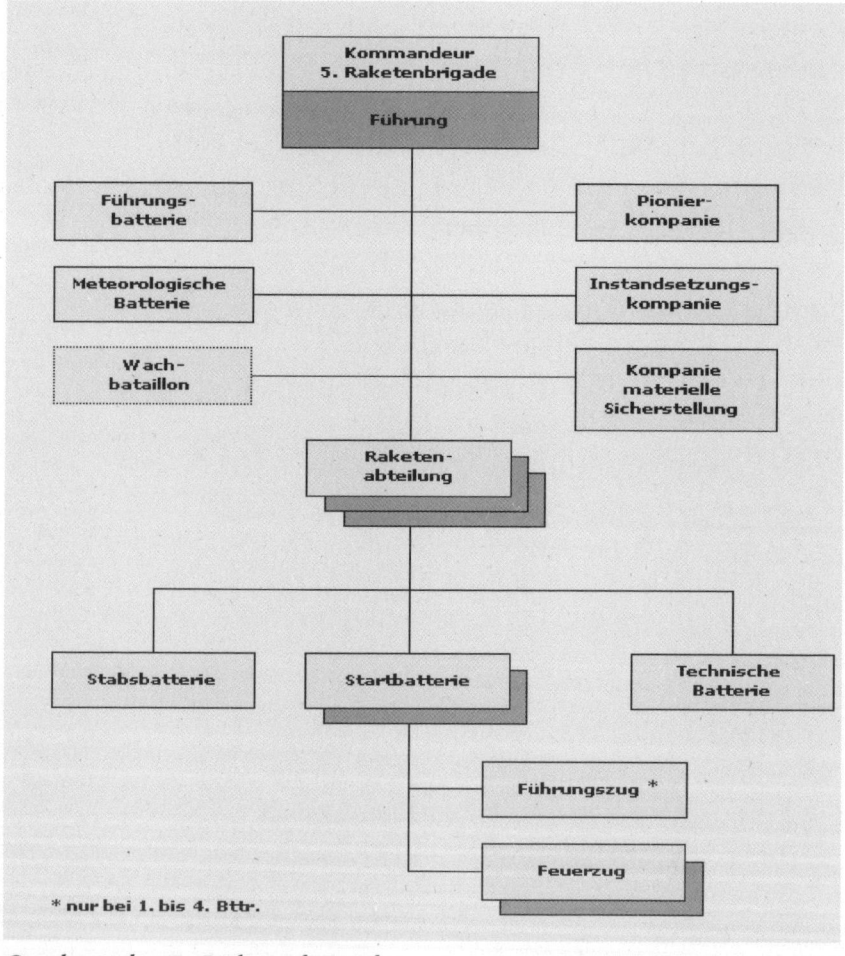

Struktur der 5. Raketenbrigade

Kurzchronik:

15. Mai 1962:	Bildung der selbständigen Artilleriebrigade 2
Dezember 1962:	Formierung der II. Raketenabteilung
10. August 1963:	Erster Gefechtsstart einer Rakete 8K11 in Kapustin Jar
1. März 1964:	Verleihung der Truppenfahne
24. September 1965:	Erster Gefechtsstart einer Rakete 8K14
1. Mai 1965:	Unterstellung der selbständigen Artilleriebrigade 2 unter dem Chef Militärbezirk V
7. Oktober 1967:	Umbenennung in 5. Raketenbrigade
1968:	Formierung der III. Raketenabteilung
27. Februar 1971:	Verleihung des Namens »Bruno Leuschner«
31. August 1987:	Erster Gefechtsstart einer Rakete 9M714
1. September 1989:	Letzter Start einer Rakete 8K14
1. August 1990:	Beginn der Formierung zur Raketenbrigade taktischer Bestimmung

Kommandeure der 5. Raketenbrigade

1962: Oberstleutnant Fritz Henker
1962-1967: Oberst Hans Marschner
1967-1973: Oberst Karl-Heinz Heß
1973-1976: Oberst Georg Knebel
1976-1980: Oberst Roland Großer
1980-1987: Oberst Jürgen Schlase
1987-1990: Oberst Gerhard Pfützner
1990: Oberstleutnant Wolfgang Schramm

Kommandeure der I. Raketenabteilung

1962-1963 Major Fritz Henker
1963-1968: Oberstleutnant Günter Buntins
1968-1972: Oberstleutnant Reinhard Decker
1972-1974: Oberstleutnant Friedrich Peters
1974: Oberstleutnant Manfred Hübner
1974-1980: Oberstleutnant Adolf Walther
1980-1982: Oberstleutnant Jürgen Kuhn

1982-1985: Oberstleutnant Raimund Rust
1985-1988: Oberstleutnant Wilfried Hornemann
1988-1990: Oberstleutnant Detlef Bruhn

Kommandeure der II. Raketenabteilung
1962-1967: Major Georg Knebel
1967-1973: Oberstleutnant Siegbert Wegner
1973-1978: Oberstleutnant Günter Siegfried
1978-1982: Oberstleutnant Bernd Holland-Letz
1982-1985: Oberstleutnant Wilfried Lüsch
1985-1988: Oberstleutnant Waldemar Krüger
1988-1990: Oberstleutnant Jürgen Blank

Kommandeure der III. Raketenabteilung
1985: Oberstleutnant Wilfried Lüsch
1985-1987: Oberstleutnant Raimund Rust
1987-1990: Major Bertram Gebhard

Raketenabteilung 1

Ehrenname: Rudi Arndt
Tarnname: Ogarok
Postfach: 10853
Standorte: 1963-1964 Brück, 1964-1990 Groß Behnitz

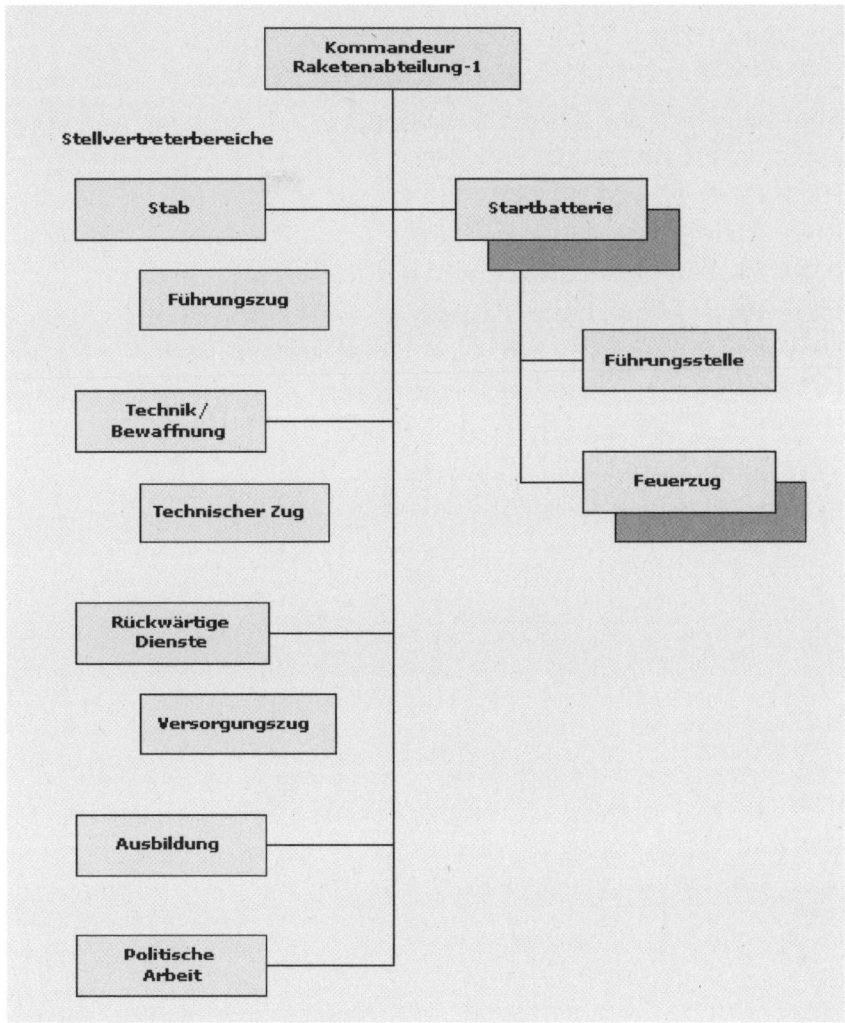

Struktur der Raketenabteilung 1

Kurzchronik:
1. Februar 1963:   Aufstellung der selbständigen Artillerieabteilung 1
7. Februar 1964:   Verleihung der Truppenfahne
21. Oktober 1964: Erster Start einer Rakete LUNA
7. Oktober 1967: Umbenennung in Raketenabteilung 1
1973:   Erster Start einer Rakete LUNA-M
24. Oktober 1984: Verleihung des Ehrennamens »Rudi Arndt«
31. März 1989:   Letzter Start einer Rakete LUNA-M

Kommandeure der Raketenabteilung 1
1963: Major Richard Buchheister
1963-1964: Oberstleutnant Herbert Meyer
1964: Hauptmann Helmut Bolte
1964-1967: Oberstleutnant Karl-Heinz Martin
1967-1969: Major Horst Riedel
1969-1977: Oberstleutnant Karl-Heinz Martin
1977-1980: Oberstleutnant Frank Röder
1980-1983: Oberstleutnant Rolf Wurl
1983-1986: Major Hans Rackowiak
1986-1990: Oberstleutnant Hans-Jürgen Müller

Raketenabteilung 8

Struktur: wie Raketenabteilung 1
Ehrenname: Hermann Schuldt
Tarnname: Ligatura
Postfach: 42955
Standorte: 1962 Brück, 1963-1964 Stern-Buchholz (Schwerin),
             1964-1990 Goldberg

Kurzchronik
1. Dezember 1962:   Aufstellung der Abteilung 8
21. Oktober 1964:   Erster Start einer Rakete LUNA auf dem
                     Schießplatz Nochten
5. Dezember 1967:   Umbenennung in Raketenabteilung 8
1969:   Erster Start einer Rakete LUNA-M
5. Oktober 1981:   Verleihung der Truppenfahne
1. März 1983:   Verleihung des Ehrennamens »Hermann
                     Schuldt«
29. März 1988:   Letzter Start einer Rakete LUNA-M

Kommandeure der Raketenabteilung 8:
1962-1966: Major Manfred Groß
1966-1967: Oberstleutnant Fritz Corzuch
1977-1981: Oberstleutnant Dieter Pietsch
1981-1987: Oberstleutnant Bernhard Stein
1987-1990: Oberstleutnant Alfred Struwe

Raketenabteilung 9

Ehrenname: Otto Nuschke
Tarnname: Krewettka
Postfach: 32633
Standort: 1962-1990 Spechtberg

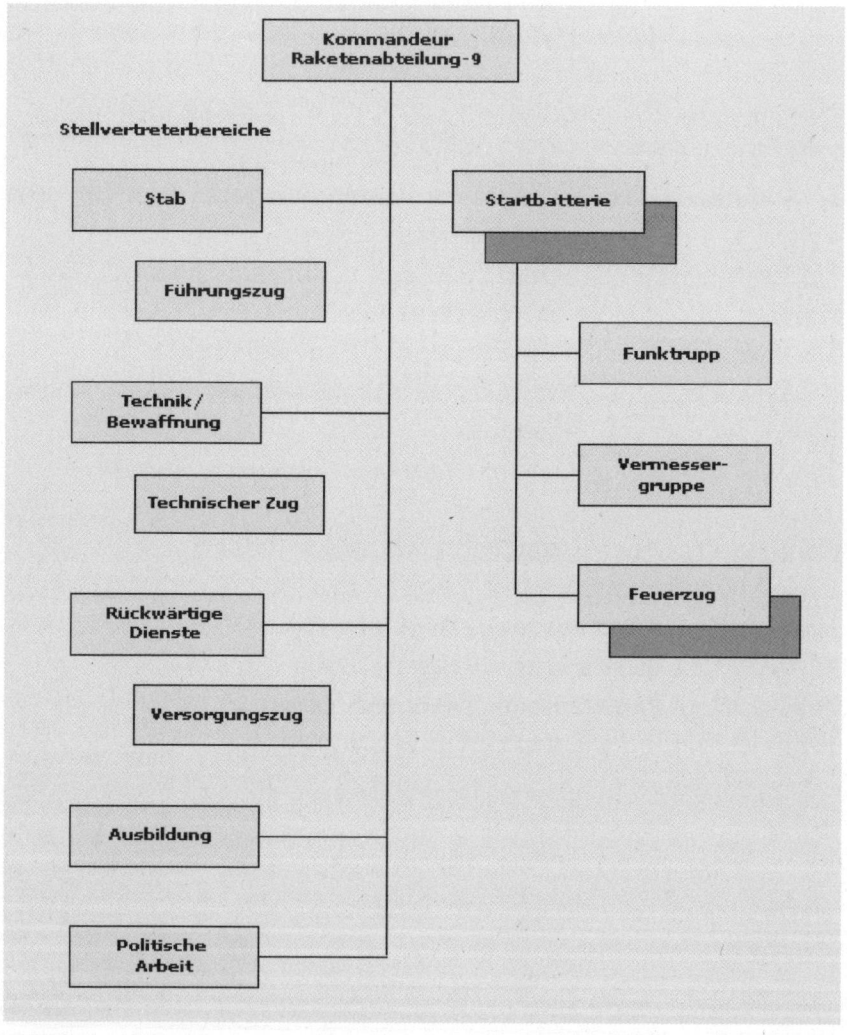

Struktur der Raketenabteilung 9

Kurzchronik:

11. Mai 1962:	Befehl 17/62 des Ministers zur Aufstellung der selbständigen Artillerieabteilung 9
30. September 1962:	Zuführung der Startrampe 2P16 mit der Rakete LUNA
2. Oktober 1963:	Erster Start einer LUNA bei Hillersleben
1. März 1964:	Verleihung der Truppenfahne
7. Oktober 1967:	Umbenennung in Raketenabteilung 9
7. Oktober 1967:	Zuführung der Startrampe 9P113 mit der Rakete LUNA-M
19. September 1969:	Erster Start einer LUNA-M während der Truppenübung PLUTO-69
1. Dezember 1983:	Einführung der Startrampe 9P129 des Raketenkomplexes 9K79 TOTSCHKA
15. Juni 1984:	Erster Start einer Rakete 9M79 TOTSCHKA
7. Oktober 1987:	Verleihung des Ehrennamens »Otto Nuschke«
19. August 1988:	Letzter Start einer Rakete TOTSCHKA

Kommandeure der Raketenabteilung 9

1962-1967: Major Manfred Nitschke
1967-1970: Oberstleutnant Walter Schäfer
1970-1973: Oberstleutnant Martin Kunze
1973-1977: Oberstleutnant Hans Vierling
1977-1980: Oberstleutnant Horst Bieneck
1980-1982: Major Harald Schuler
1982-1990: Oberstleutnant Günter Bergmann

Raketenabteilung 19

Struktur: wie Raketenabteilung 1
Ehrenname: ohne
Tarnname: Wentschik
Postfach: 42252
Standorte: 1983-1986 Burg, 1986-1990 Klietz

Kurzchronik:
November 1983: Aufstellung Raketenabteilung 19 in Burg
Oktober 1985:   Erster Start einer Rakete LUNA-M
18. April 1989:   Letzter Start einer Rakete LUNA-M

Kommandeure der Raketenabteilung 19
1983-1988: Oberstleutnant Alfred Janke
1988-1990: Major Gernot Paschek

Raketenabteilung 20

Struktur: wie Raketenabteilung 1
Ehrenname: ohne
Tarnname: Melassa
Postfach: 53417
Standort: 1974-1990 Karpin

Kurzchronik
1974:   Aufstellung der Raketenabteilung 20
1976:   Erster Start einer Rakete LUNA
1979:   Erster Start einer Rakete LUNA-M
20. April 1989: Letzter Start einer Rakete LUNA-M

Kommandeure der Raketenabteilung 20
1974-1978: Major Peter Richter
1978-1981: Oberstleutnant Günter Reif
1981-1983: Oberstleutnant Alfred Janke
1983-1989: Oberstleutnant Gert Jäschke
1989-1990: Oberstleutnant Lutz Gulde

Raketentechnische Truppen

Raketentechnische Basis 2

Ehrenname: Robert Neddermeyer
Tarnname: Kabelbaum
Postfach: 21568
Standort: 1962-1990 Brück

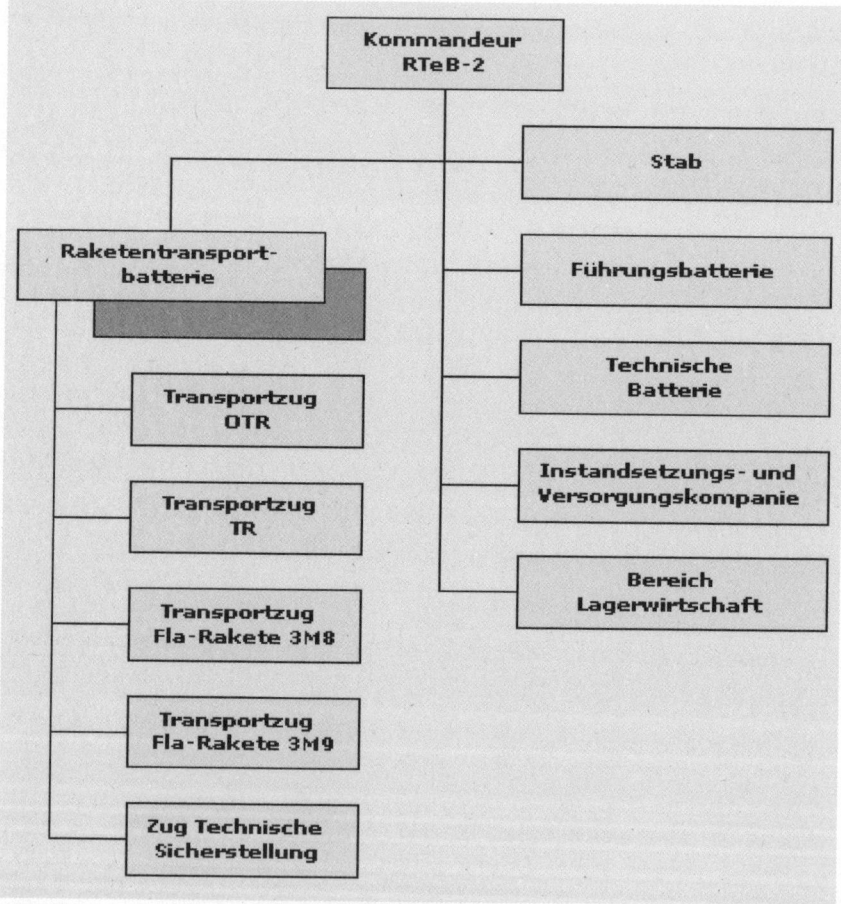

Struktur der Raketentechnischen Basis 2

Kurzchronik

1968:	Befehl 142/68 des Ministers zur Bildung der Raketentransportabteilung-2
1969:	Aufstellung der Raketentransportabteilung-2
1972:	Dem Chef der Verwaltung Raketen- und waffentechnischer Dienst unterstellt
1. März 1974:	Verleihung der Truppenfahne
1. Dezember 1976:	Umstrukturierung zur Raketentechnischen Basis 2, Eingliederung des Munitionslagers 62
2. Oktober 1982:	Verleihung des Namens »Robert Neddermeyer«

Kommandeure der RTeB-2:
1969-1983: Oberstleutnant Willi Gombert
1983-1987: Oberst Frieder Damm
1987-1990: Oberstleutnant Friedbert Enders

Raketentreibstoffbasis 2

Ehrenname: Rudolf Schwarz
Tarnname: Tragbahre
Postfach: 36095
Standorte: 1963-1965 Hohensaaten, 1965-1990 Pinnow

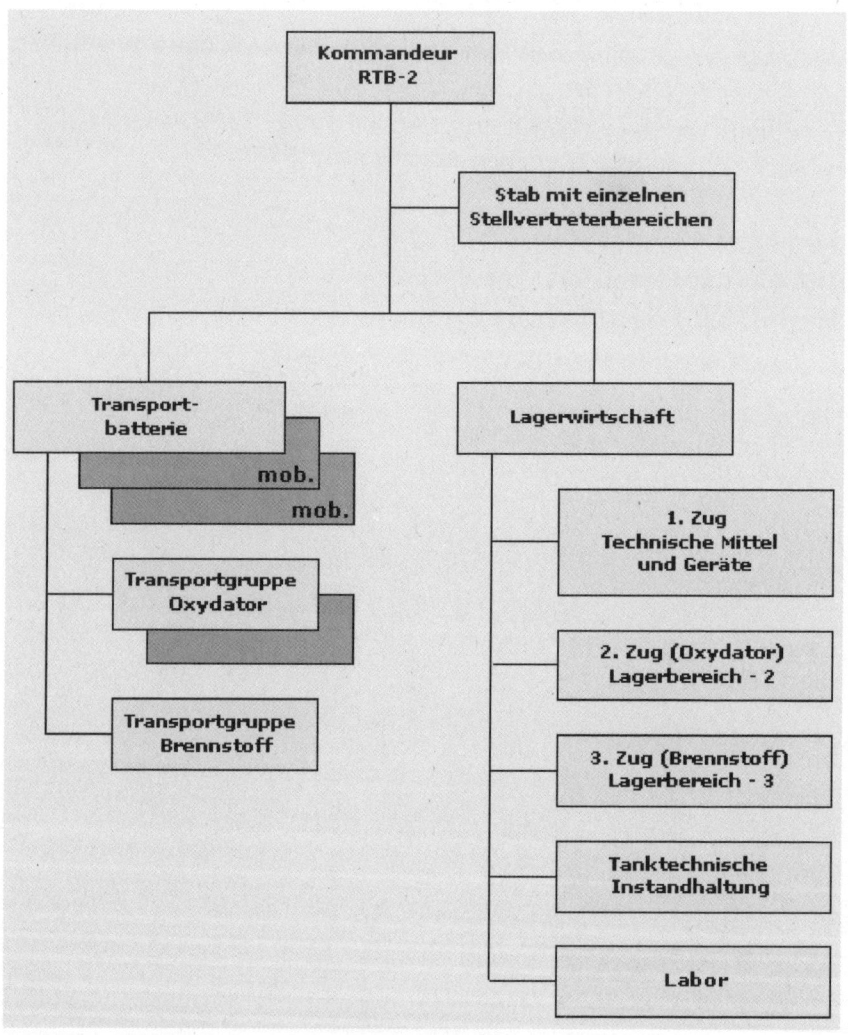

Struktur der Raketentreibstoffbasis 2

Kurzchronik
1963:   Formierung Zentrales Treib- und Schmierstoffla-
              ger in Hohensaaten
1965:   Befehl 109/65 des Ministers zum Standort Pin-
              now: Zentrales Treib- und Schmierstofflager, selb-
              ständige Transportkompanie für Spezialtreib-
              stoffe, Labor für Spezialtreibstoffe
1975:   Umstrukturierung der Basis
1. März 1986 : Verleihung des Ehrennamens »Rudolf Schwarz«

Kommandeure der Raketentreibstoffbasis 2
1963-1967: Major Erwin Filpe
1967-1968: Hauptmann Wolfgang Müller
1968-1969: Oberstleutnant Manfred Großmann
1969: Hauptmann Dieter Röger
1969-1971: Oberstleutnant Heinz Geiß
1971-1990: Oberst Dieter Röger

Bewegliche Raketentechnische Basis 3

Ehrenname: Johannes R. Becher
Tarnname: Sakon
Postfach: 23265
Standort: 1975-1990 Jena

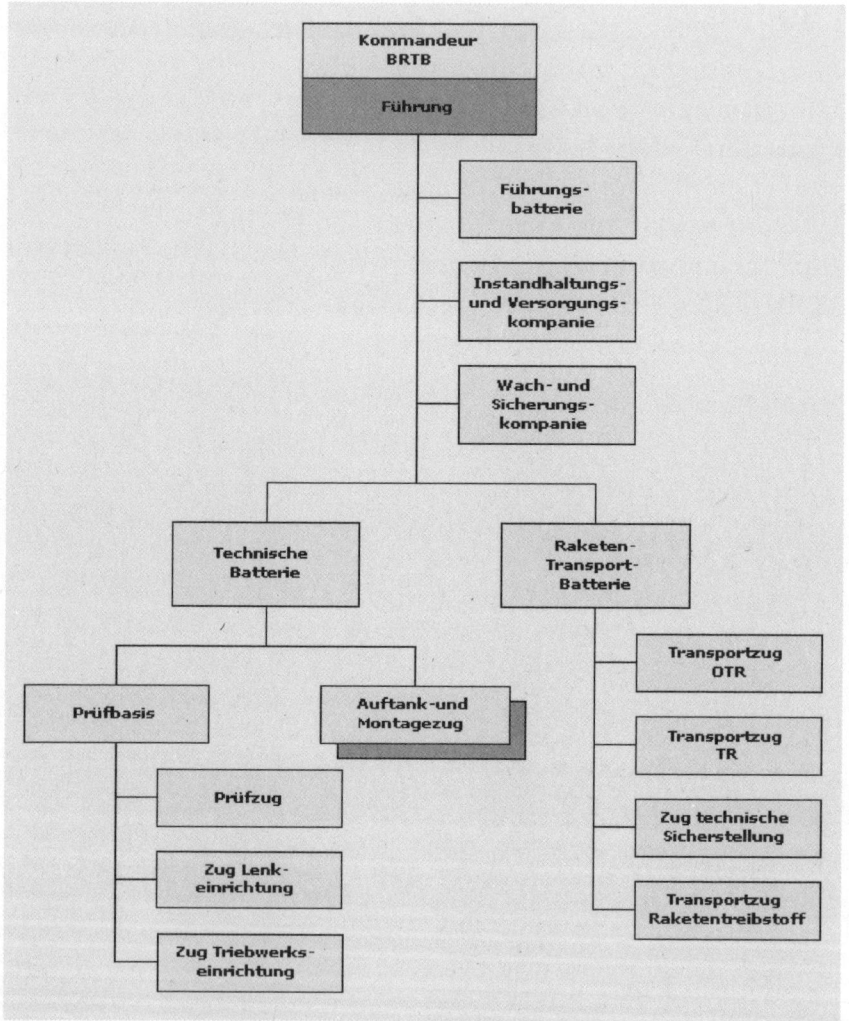

Struktur der Beweglichen Raketentechnischen Basis 3

Kurzchronik
1. Mai 1975:   Formierung der Basis 3
1. März 1978:   Verleihung der Truppenfahne
26. Februar 1986: Verleihung des Namens »Johannes R. Becher«

Kommandeure der Beweglichen Raketentechnischem Basis 3
1975-1986: Oberst Günter Dorow
1986-1989: Oberstleutnant Jörg Koppatsch
1989-1990: Oberstleutnant Hartmut Lauterbach
1990: Oberstleutnant Wilfried Büttner

Bewegliche Raketentechnische Basis 5

Struktur: wie Bewegliche Raketentechnische Basis 3
Ehrenname: Carl Moltmann
Tarnname: Nosilki
Postfach: 52840
Standorte: 1963-1967 Brück, 1967-1975 Drögeheide,
              1975-1990 Demen

Kurzchronik:
1. Februar 1963:   Bildung der Beweglichen Artillerietechnischen
                   Basis 2 in Brück
1. März 1965:   Verleihung der Truppenfahne
1. Mai 1965:   Unterstellung als Bewegliche Artillerietechni-
                   sche Basis 5 unter Befehl des Chefs des
                   Militärbezirks V
7. Oktober 1967:   Umbenennung in Bewegliche Raketentechni-
                   sche Basis 5
1. März.1979:   Verleihung des Ehrennamens »Carl Moltmann«

Kommandeure der Bewegliche Raketentechnische Basis 5
1963-1977: Oberst Erhard Lindner
1977-1981: Oberst Gerhard Bogs
1981-1985: Oberst Hans Wormsdorf
1985-1990: Oberstleutnant Rüdiger Schubert

Ausbildungseinrichtungen der Raketentruppen

Artillerieausbildungsabteilung 2 (1962-1967)
Kommandeure der Artillerieausbildungsabteilung 2:
1963-1964: Oberstleutnant Gerhard Matern
1964-1967: Oberstleutnant Fritz Henker

Raketenausbildungsabteilung 2 (1967-1972)
Kommandeur der Raketenausbildungsabteilung 2:
1967-1972: Oberstleutnant Fritz Henker

Raketenausbildungsabteilung 15 (1972-1977)
Kommandeure der Raketenausbildungsabteilung 15:
1972-1977: Oberstleutnant Reinhard Decker

Artillerieausbildungsabteilung 12 (1962-1967)
Kommandeur der Artillerieausbildungsabteilung 12:
1962-1967: Hauptmann Karl Müller

Raketenausbildungsabteilung 12 (1967-1972)
Kommandeur der Raketenausbildungsabteilung 12:
1967-1972: Major Karl Müller

Raketenausbildungsabteilung 25 (1972-1977):
Kommandeur der Raketenausbildungsabteilung 25:
1972-1977: Oberstleutnant Karl Müller

Raketenausbildungszentrum 40 (1977-1986)

<u>Kommandeur des Raketenausbildungszentrums 40</u>
1977-1986: Oberstleutnant Karl-Heinz Martin

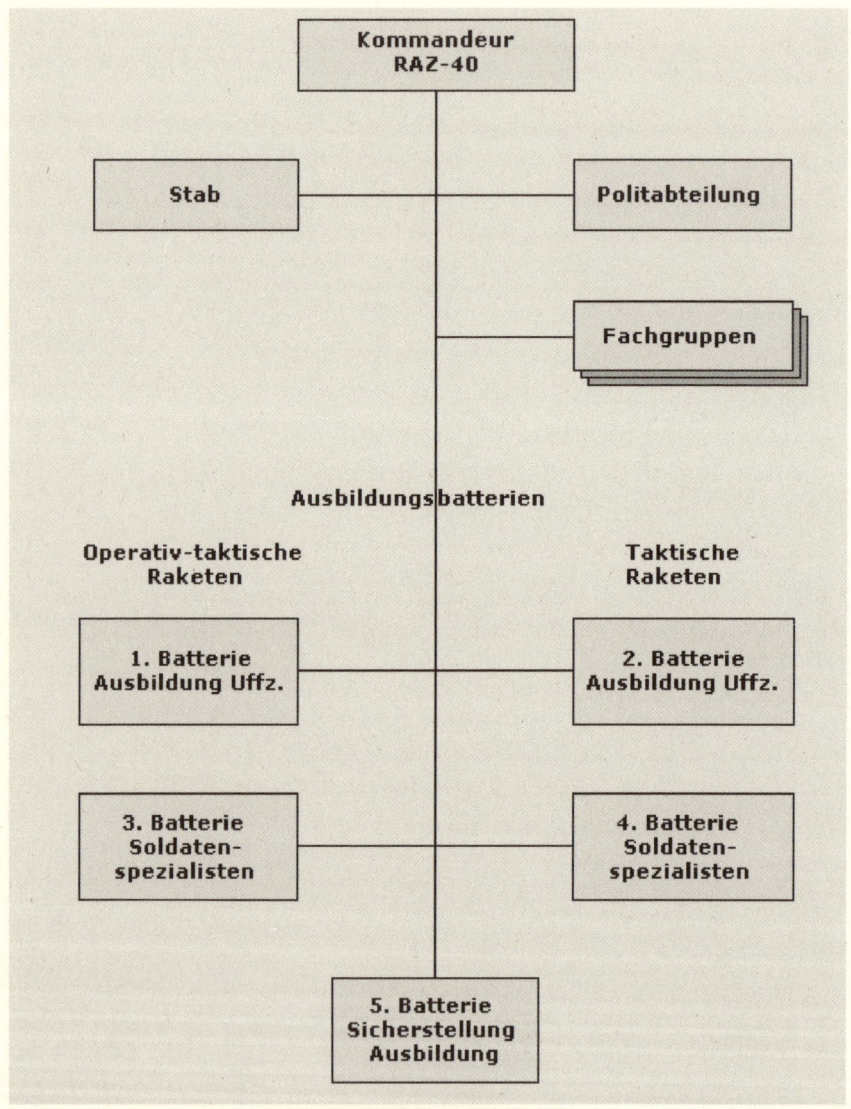

Struktur des Raketenausbildungszentrums 40 (1977-1986)

Militärtechnische Schule »Erich Habersaath«

Leiter der Fachrichtung VIII:
1986-1990: Oberst Jürgen Kuhn

Offiziershochschule der Landstreitkräfte

Lehrstuhl der Raketen- und Raketentechnischen Offiziere:
Lehrstuhlleiter:
1970-1989: Oberst Gerhard Matern
1989-1990: Oberstleutnant Uwe Wandschneider

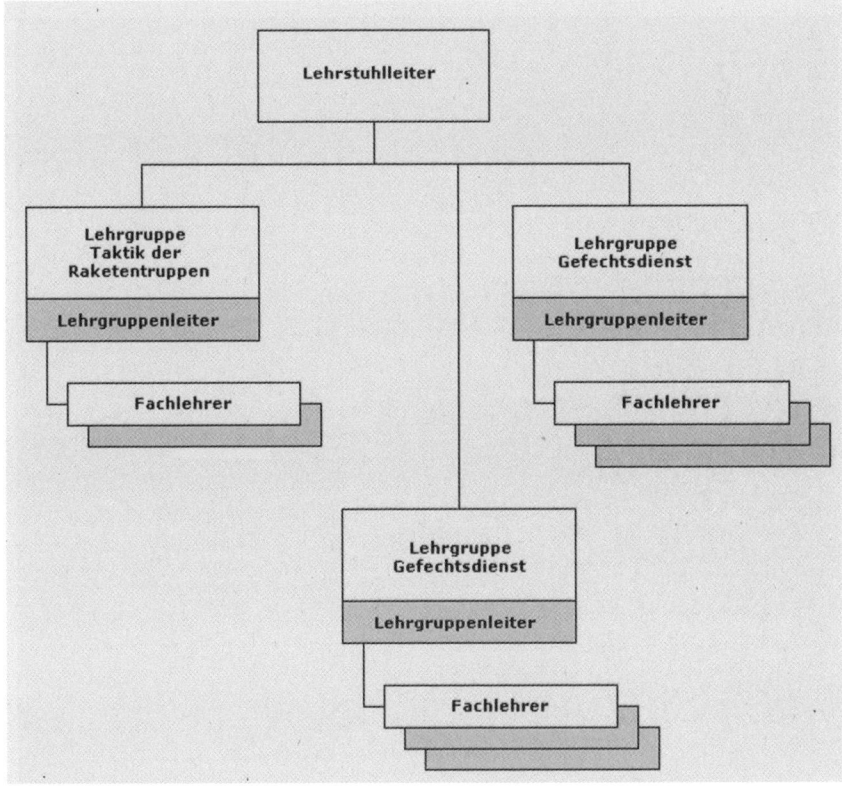

Struktur des Lehrstuhls Raketen- und Raketentechnische Offiziere an der Offiziershochschule »Ernst Thälmann«

Militärakademie »Friedrich Engels«

Lehrstuhl Raketentruppen/Artillerie
Lehrstuhlinhaber:
1959-1965: Oberstleutnant Alfred Schicker (Artillerie – Taktik),
　　　　　Major Paul Reeck (Schießausbildung, Artillerie und
　　　　　Panzer)
1965-1984: Oberst Karl Lehmann
1984-1989: Oberst Adolf Kosanke
1989-1990: Oberst Friedrich Peters

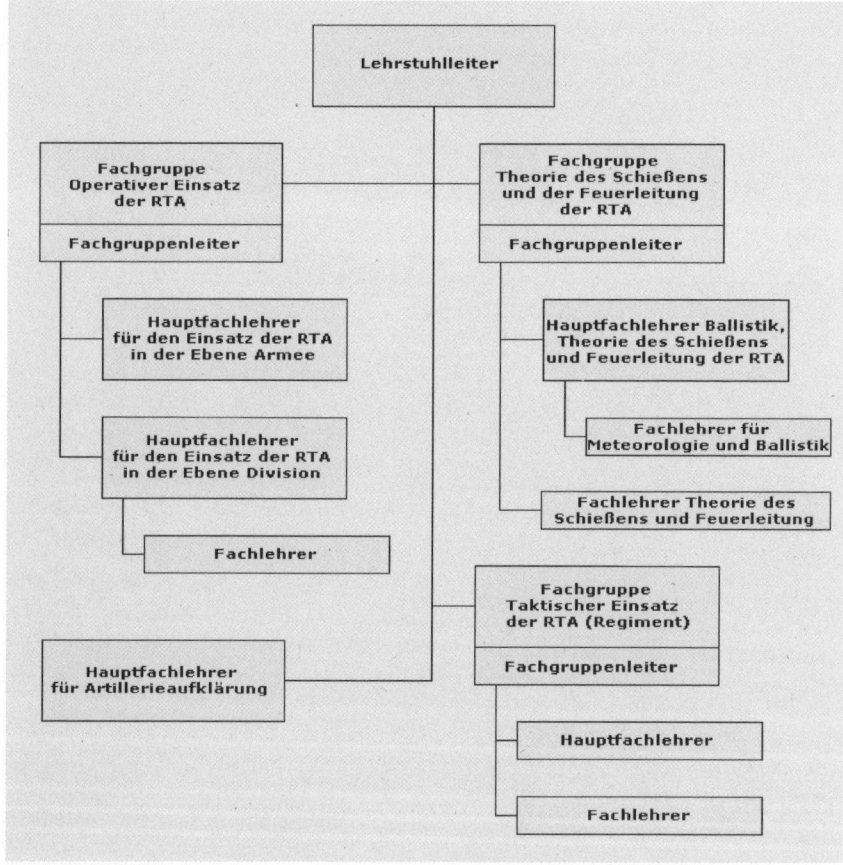

*Struktur des Lehrstuhls Raketentruppen/Artillerie
an der Militärakademie »Friedrich Engels« in Dresden*

Die Chefs der Raketentruppen und Artillerie

Chef der Artillerie im Ministerium für Nationale Verteidigung

1956-1957: Generalmajor Artur Kunath
1957-1961: Oberstleutnant Anton Hotzky
1961-1962: Oberst Gustav Dreiseidler
1962-1965: Generalmajor Artur Kunath

Chef der Raketentruppen und Artillerie im Ministerium für Nationale Verteidigung

1965-1971: Generalleutnant Artur Kunath
1971-1972: Generalmajor Günther Bormann

Chef der Raketentruppen und Artillerie des Kommandos Landstreitkräfte

1972-1987: Generalleutnant Günther Bormann
1988-1990: Generalmajor Roland Großer

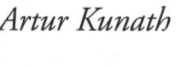
Artur Kunath

Artur Kunath (1914-1995)

1914:   geboren in Leuben (Kreis Meißen)
1929-1935: Lehre zum Lithographen
1935-1937: Angehöriger der Wehrmacht
1937-1939: Lithograph, Volontär
1939-1942: Angehöriger der Wehrmacht
1942-1943: Photolithograph
1943-1945: Feldwebel der Wehrmacht (Infanterie, Panzerabwehr)
1945:   Eintritt in die KPD
1945-1946: Mitarbeiter für Propaganda, Landesvorstand Sachsen
1946:   Mitglied der SED
1947-1948: Abteilungsleiter für Presse, Information und Propaganda der Landesregierung Sachsen
1948:   Eintritt in die bewaffneten Organe
1948-1949: Leiter Sekretariat der Deutschen Verwaltung des Inneren
1949-1950: Sonderlehrgang in der Sowjetunion

1950-1951: Leiter Volkspolizei-Dienststelle Eggesin
1952:   Leiter Fachabteilung Artillerie der Hauptverwaltung
           Ausbildung
1952-1954: Leiter Abteilung Organisation im Ministerium des
           Inneren
1954:   Ernennung zum Generalmajor
1954-1956: Chef Verwaltung Bewaffnung der Kasernierten
           Volkspolizei
1956-1957: Chef Artillerie im Ministerium für Nationale Vertei-
           digung
1957-1959: Studium an der Generalstabsakademie in der So-
           wjetunion in Moskau
1959-1961: Chef Militärbezirk III
1961-1962: Speziallehrgang in der UdSSR
1962-1965: Chef Artillerie im Ministerium für Nationale Vertei-
           digung
1965-1971 Chef der Raketentruppen und Artillerie im Minis-
           terium für Nationale Verteidigung
1966:   Beförderung zum Generalleutnant
1971-1978: Stadtkommandant Berlin
1978:   Entlassung aus dem aktiven Wehrdienst
1995:   gestorben

Günther Bormann

Günther Bormann (1927-1997)

1927:   geboren in Berthelsdorf/Hainichen (Leipziger Land)
1942-1944: Konditorlehre
1944-1945: Reichsarbeitsdienst
1945:   Obergefreiter der Wehrmacht (Flak)
1945:   US-amerikanische Kriegsgefangenschaft
1945-1949: Landarbeiter
1947:   Eintritt in die SED
1949:   Eintritt in die bewaffneten Organe
1949:   Anwärter der Grenzpolizei
1949-1950: Gruppenführer, Zugführer Volkspolizei-Bereitschaft, Offiziershörer an der Volkspolizei-Schule Kochstedt
1950-1951: Leiter Aufklärung VP-Bereitschaft Hohenstücken
1951:   Stellvertreter für Ausbildung Kfz.-Bataillon Berlin
1951-1952: Sonderlehrgang in der Sowjetunion
1952-1953: Stabschef beim Stellvertreter Artillerie KVP-Dienststellen Großenhain und Oranienburg

1953-1956: Oberoffizier Operative Arbeit in der Verwaltung
Bewaffnung im Stab der Kasernierte Volkspolizei
1956-1957: Oberoffizier Operative Arbeit in der Verwaltung Bewaffnung im Ministerium für Nationale Verteidigung
1957-1959: Leiter der Operativen Abteilung beim Chef Artillerie
im Ministerium für Nationale Verteidigung
1959-1961: Studium an der sowjetischen Generalstabsakademie
in Moskau
1961-1964: Chef Artillerie im Kommando Militärbezirk III
1965-1971: Chef der Raketentruppen und Artillerie im Kommando Militärbezirk V
1970:   Ernennung zum Generalmajor
1971-1972: Chef der Raketentruppen und Artillerie im Ministerium für Nationale Verteidigung
1972-1987: Chef der Raketentruppen und Artillerie im Kommando Landstreitkräfte
1977:   Beförderung zum Generalleutnant
1987:   Entlassung aus dem aktiven Wehrdienst
1997:   gestorben

Roland Großer

Roland Großer

1936:   geboren in Frankenberg (Kreis Mittweida)
1954:   Eintritt in die bewaffneten Organe
1954-1957: Studium an der Artillerieschule Dresden
1957:   Eintritt in die SED
1957-1961: Zugführer im Artillerieregiment 5
1961-1962: Offizier ohne Planstelle
1963-1968: Studium an der Militärakademie in Leningrad
1968-1971: Oberoffizier für Raketen und Munition im Kommando Militärbezirk V
1971-1974: Stellvertreter des Kommandeurs Raketentechnischer Dienst 5. Raketenbrigade
1974-1976: Studium an sowjetischer Generalstabsakademie in Moskau
1976-1980: Kommandeur der 5. Raketenbrigade
1980-1987: Chef der Raketentruppen und Artillerie im Kommando Militärbezirk V

1983:   Ernennung zum Generalmajor
1988-1990: Chef der Raketentruppen und Artillerie im Komman-
            do Landstreitkräfte
1990-1990: Stellvertreter des Chefs Landstreitkräfte und Stabs-
            chef im Kommando Landstreitkräfte
1990:   Entlassung aus dem aktiven Wehrdienst

Chef Artillerie Kommando Militärbezirk III

1956-1958: Oberstleutnant Ernst Stenzel
1958-1961: Oberst Gustav Dreiseidler
1961-1964: Oberst Günther Bormann
1964-1965: Oberst Heinz Hampel

Chef der Raketentruppen und Artillerie Kommando Militärbezirk III

1965-1968: Oberst Anton Hotzky
1968-1971: Oberst Heinz Hampel
1971-1977: Generalmajor Anton Hotzky
1977-1984: Generalmajor Karl-Heinz Heß
1984-1989: Oberst Friedrich Peters
1989-1990: Oberst Siegfried Schwietzke

Chef Artillerie Kommando Militärbezirk V

1956-1960: Oberst Walter Petter
1960-1963: Oberstleutnant Georg Bernhardt
1963-1965: Oberst Karl Lehmann

Chef der Raketentruppen und Artillerie Kommando Militärbezirk V

1965-1971: Generalmajor Günther Bormann
1971-1980: Generalmajor Heinz Hampel
1980-1987: Generalmajor Roland Großer
1988-1990: Oberst Willy Prinz

Die Angehörigen der Kontrollgruppe
des Chefs der Raketentruppen und Artillerie der Landstreitkräfte

Leiter der Zentralen Kontrollgruppe
1965-1968: Hauptmann Kuno Fischer
1968-1969: Hauptmann Günter Altmann
1969-1972: Major Kuno Fischer
1972-1979: Oberstleutnant Günter Altmann
1979-1985: Oberstleutnant Kuno Fischer
1985-1990: Oberstleutnant Dieter Seifert
1990: Oberstleutnant Hans-Werner Krümmel

Kontrollbereich für die Startbatterien

Kontrolloffizier für Richten
1965-1987: Oberstleutnant Siegfried Messinger
1987-1990 Oberstleutnant Hans-Dieter Augusti

Kontrolloffizier für Lenkeinrichtung/elektrische Ausrüstung
1965-1971: Major Dietmar Kühn
1971-1981: Oberstleutnant Peter Affelt
1981-1990: Oberstleutnant Klaus Voigtländer

Kontrolloffizier für Triebwerksanlagen, Aggregate
1965-1968: Hauptmann Horst-Rüdiger Schwarzer
1968-1972: Major Jürgen Steinhäuser
1972-1981: Oberstleutnant Ulrich Schumann
1981-1989: Oberstleutnant Harald Franz
1989-1990: Major Andreas Tschendel

Kontrolloffizier für Vorbereitung der Anfangsangaben
1965-1968: Hauptmann Helmut Fritzsche
1968-1983: Oberstleutnant Dieter Sonnenburg
1984-1987: Major Hans-Dieter Augusti
1987-1990: Major Bernd Weschke

Kontrolloffizier für Vermessung
1965-1968 Oberleutnant Walter Rehn
1968-1977 Major Werner Schiller
1977-1983 Oberstleutnant Eberhard Golde
1984-1990 Oberstleutnant Dieter Sonnenburg

Kontrolloffizier für Meteorologie
1965-1977 Major Wilhelm Lorenz
1977-1987 Oberstleutnant Klaus Kieslich
1987-1990 Oberstleutnant Bernd Mack

**Kontrollbereich für die Technische Batterie,
Bewegliche Raketentechnische Basis**

Kontrolloffizier für Triebwerkseinrichtung, Verdichter
1965-1972 Major Günter Altmann
1972-1985 Oberstleutnant Jürgen Steinhäuser
1985-1989 Oberstleutnant Gerald Brühl
1989 Oberstleutnant Holger Warning

Kontrolloffizier für Montage-, Auftank-, Hebe-
und Transporteinrichtung
1965-1989 Oberstleutnant Siegfried Fechner
1989-1990 Oberstleutnant Gerald Brühl

Kontrolloffizier für Prüfeinrichtungen
1965-1990 Oberstleutnant Heinz Rauer

Kontrolloffizier für Lenkeinrichtung
1965-1973 Major Bernd Holland-Letz
1973-1977 Oberstleutnant Günter Altmann
1977-1990 Oberstleutnant Hans-Wrner Krümmel

Die Technik der Raketenkomplexe

Taktischer Raketenkomplex 2K6 LUNA

Startrampe	2P16
Transportfahrzeug	2U663 auf ZIL-157
Autodrehkran	K-51 oder K-61, 9T31, 8T211
Traverse	2U659
Raketen	3R9 für konventionelle Sprengköpfe 3N15
	3R10 für Kernsprengköpfe 3 N14, 3N74
	3R11 für Gefechtskopf 3N16 (Blindladung)
	für Lehrgefechtsschießen

Taktischer Raketenkomplex 9K52 LUNA-M

Startrampe	9P113
Transportfahrzeug	9T29 für drei Raketen
Isothermfahrzeug	2U662MU und 9F223
Führungsstelle	PU-2M mit 9S445
Meteorologische	
Funkmessstation	RWZ-1 Proba (9S81)
Triebwerk	9M21
Raketen	9M21 B/E/F/K
Gefechtsköpfe	AA-52, AA-38, 9N18F, 9N18K
Hilfsausrüstung:	
Ausrüstungssatz	9F14
Satz für	
technologische Ausrüstung	9T53
Kleinverdichter	BRTG
Lufttransportwagen	9T114, 9T111
Ausbildungsgeräte:	
stationäres Trainingsgerät	2T99
Lehrtrainingskomplexe	UTK-3MF, UTK-3M
Schnittmodell	9M21F
Übungsgefechtsköpfe	9N32E, 9 N36E, 9N32MUT
Lehrtrainingskopf	9N29

Taktischer Raketenkomplex 9K79 Totschka

Startrampe	9P129
Transport-Ladefahrzeug	9T218, 9T222, 9T238, 9T79N
Träger	9M79
Rakete	9M79F, 9M79K
Gefechtsköpfe	9N123F, 9N39, AA60, AA86
Kontroll- und Prüffahrzeug	AKIM 9W819
Wartungsfahrzeug MTO	9W844
Hilfsausrüstung:	
Lufttransport- und Lagerwagen	9T114, 9T133, 9T127
Traversen für Träger und Raketen	9T315, 9T316
Ablagen	9T64, 9T66, 9T55
Ausbildungsgeräte:	
Trainingskabine	9F625
Elektrifizierter Tafelkomplex	2U413
Trainingsgerät für Operatoren	2U420
Trainingsgerät für Mechaniker	2U43
Trainingsgerät für Vermessung	2U41
Schnittmodell der Rakete	9M79
Schnittmodelle Gefechtsköpfe	9N123F, 9N123K
Lehrtrainingsträger	9M79UT
Lehrtrainingsrakete	9M79FUT
Lehrtrainingsgefechtsköpfe	9N123FUT, 9N123KUT, 9N39UT
Maß- und Gewichtsmodell Träger	9M79 GWM
Maß- und Gewichtsmodell Gefechtskopf 9N123F GWM	

Operativ-taktischer Raketenkomplex R-170

Startrampe	8U218
Rakete	8K11
Sattelanhänger	8T137
Transportgestell	8T04
Isothermisches	
Fahrzeug auf ZIL-157W	8T328
Kran	8T22
Tankwagen für Brennstoff	8G114/2G1
Tankwagen für Oxydator	8G17/8G17M
Wasch-	
und Neutralisationsfahrzeug	8T311
fahrbare Kompressorstation	8G33U oder 5K62
mit Luftfeuchtigkeitsmesser	8Sch31
Prüffahrzeug	8N16
Elektro-Aggregat	8NO1
Batterieladestation	8NO67
Ladeaggregat	8N03

Ersatzteil-Fahrzeug	8T339
Luftvorwärmer	8G27U
Technologisches Zelt	8Ju11
Vorrichtung	8T05

Operativ-taktischer Raketenkomplex 9K72

Startrampe auf IS-152	2P19
Startrampe auf MAZ-543	9P117M
Richtgerätesatz	8Sch18
Träger/Raketen:	
Rakete ohne Gefechtskopf	8K14
Rakete mit Spezialgefechtskopf	8K14B, 8 K14F
Gefechtsköpfe	8F14, 8F14UT, 8F44, 9N33
Transportausrüstung:	
Sattelhänger mit	2T3, 2T3M, 2T3M1
Isothermfahrzeug	9F21, 9F213
Hebe- und Montageeinrichtung:	
Kran	8T22 oder 9T31/9T31M
Prüfeinrichtung:	
Fahrzeug für horizontale Überprüfungen	2W11
Fahrzeug für autonome Überprüfungen	9W41
Auftankeinrichtung:	
Tankfahrzeug für Brennstoff	ACG5-375, 9G29, 2G1/2G1U
Tankfahrzeug für Oxydator	AKC4-255B, 9G30, 8G17/8G17M
Wasch- und Neutralisationsfahrzeug	8T31
Kompressorstation	8G33, UKS-400
mit Luftfeuchtigkeitsmesser	8Sch31
Führungsstelle PU-1M	9S436-1
Hilfs- und Zusatzeinrichtungen:	
Luftvorwärmer	8G27U/K
Ersatzteil-Fahrzeug	2Stsch1
Technologisches Zelt	8Ju11U
fahrbares chemisches Labor	8Ju44
Lufttransport- und Lagerwagen	2T5, 9 T114

Operativ-taktischer Raketenkomplex 9K714 OKA

Startrampe	9P71
Raketen-Transport-Ladefahrzeug	9T230
Raketen-Transportfahrzeug	9T240
Träger	9M714
Gefechtskopf	9N74K
Kontroll- und Wartungsstation	9W96

Hilfsausrüstung:

Lufttransport- und Lagerwagen	9T114
Flugplatztransportwagen	9T133
Werkzeug- und Zubehörsatz	9F376
Satz Übergangs- und Unterlegteile	9F379
Traverse	9T315, 9T316
technologischer Karren	9T218

Ausbildungsgeräte:

Komplextrainer	9F633
Elektrifizierter Tafelkomplex	2U419
Trainingsgerät für Mechaniker/Kraftfahrer	2U422
Schnittmodell	9M714-R
Schnittmodell	9N74K
Lehrtrainingsträger	9M714-UT, 9M714K-UT
Lehrtrainingsgefechtskopf	9N74K-UT
Maß- und Gewichtsmodell Träger	9M714 GWM
Maß- und Gewichtsmodell Gefechtskopf	9N74K GWM